ロシア
バイカル湖
フブスグル湖
オブス湖
アルタイ山脈
セレンゲ川
オルホン川
ウランバートル
ハンガイ山脈
ヘルレン川
モンゴル国
ゴビ砂漠
内モンゴル自治区
中国
チベット高原

モンゴルのことばとなぞなぞ話《ばなし》

塩谷茂樹《しおたにしげき》　編訳・著
思沁夫《スチンフ》　絵・コラム

大阪大学出版会

もくじ

植物《しょくぶつ》のなぜなぜ話《ばなし》　47

動物《どうぶつ》のなぜなぜ話《ばなし》　63

人間《にんげん》のなぜなぜ話《ばなし》 149

( )…後《うし》ろからはじまるページ番号《ばんごう》です

天《てん》体《たい》のなぜなぜ話《ばなし》

なぜ月《つき》は白《しろ》くて明《あか》るいの

そのむかし、この世《よ》に、あるおそろしい巨大《きょだい》な怪物《かいぶつ》、[＊1]マンガスがいたそうです。

そのマンガスは、
　開《あ》けた大《おお》きな口《くち》で
　山《やま》の丘陵《きゅうりょう》の生《い》き物《もの》たちをかき集《あつ》め
　開《ひら》いた大《おお》きな口《くち》で
　草原《そうげん》の生《い》き物《もの》たちをつかまえ
食《た》べていました。

あらゆる動物《どうぶつ》たちを食《た》べつくし、今度《こんど》は子《こ》どもや老人《ろうじん》を問《と》わず、人間《にんげん》をつかまえて食《た》べるようになったそうです。そのため、人々《ひとびと》はおそろしい黒《くろ》いマンガスをおそれ、

＊1　マンガス…　モンゴル語《ご》で、〝マンガス〟（mangas）といいます。モンゴルのむかし話《ばなし》によく登場《とうじょう》する、人間《にんげん》を食《た》べるおそろしい怪物《かいぶつ》のことです。

平和《へいわ》に暮《く》らせなくなり、マンガスをどうやったらやっつけられるか、寝《ね》ても覚《さ》めてもそのことばかり考《かんが》えていました。マンガスをやっつけようと、たくさんの英雄《えいゆう》や立派《りっぱ》な男《おとこ》たちがたたかい、命《いのち》を落《お》としました。

人々《ひとびと》は、あらゆる手《て》だてを失《うしな》い、

「どうしたらいいだろうか」

と空《そら》の太陽《たいよう》にたずねました。

すると、太陽《たいよう》は、

「聖《せい》なる高《たか》い山《やま》に、一人息子《ひとりむすこ》をもつおじいさんとおばあさんがいます。貧《まず》しいが、彼《かれ》こそあなたたちの力《ちから》になれます」

と金色《こんじき》のまばゆい光《ひかり》を放《はな》って、つたえまし

た。
人々《ひとびと》は、みな喜《よろこ》び、聖《せい》なる高《たか》い山《やま》のおじいさん、おばあさんとその息子《むすこ》の少年《しょうねん》、三《さん》人《にん》のところに急《いそ》いで行《い》き、わけを話《はな》しました。
すると、息子《むすこ》は、人々《ひとびと》に、
「ひと月《つき》の距離《きょり》を
遅《おく》れなく縮《ちぢ》める
額《ひたい》に白《しろ》い斑点《はんてん》のある
黒《くろ》い駿馬《しゅんめ》と、
やって来《く》る敵《てき》の頭《あたま》を
一瞬《いっしゅん》で切《き》ってころがす
鋭《するど》い刃《は》をもつ刀《かたな》を手《て》に入《い》れてきなさい」
といったそうです。
人々《ひとびと》は、少年《しょうねん》のいった通《とお》りに、はや足《あし》の駿馬《しゅんめ》と刃《は》の鋭《するど》い刀《かたな》を手《て》に入《い》れ、少年《しょうねん》にわたしました。

すると、それを知《し》ったマンガスが、太陽《たいよう》に

「おまえが人々《ひとびと》に教《おし》えたんだな」

とおこって、太陽《たいよう》を飲《の》みこんでしまいました。それと同時《どうじ》に、世《よ》の中《なか》は、いっせいに暗《くら》くなり、お互《たが》いの姿《すがた》も見《み》えなくなってしまったそうです。

こうして、少年《しょうねん》は、額《ひたい》に白《しろ》い斑点《はんてん》のある黒《くろ》い駿馬《しゅんめ》に乗《の》り、マンガスとたたかいに行《い》きました。

ところが、道《みち》は真《ま》っ暗《くら》で、行《い》き先《さき》もわからず、ただ空《そら》にかがやく一《ひと》つ、二《ふた》つの星《ほし》の光《ひかり》をたよりに、方角《ほうがく》を知《し》り、やっとのことでマンガスのいるところに到着《とうちゃく》したのです。

少年《しょうねん》は、マンガスと昼《ひる》も夜《よる》も、来《く》る日《ひ》も来《く》る日《ひ》も取《と》っ組《く》み合《あ》い、自分《じぶん》も勝《か》てず、マンガスも勝《か》てない状態《じょうたい》が続《つづ》きました。

ところが、夜《よ》が明《あ》ける頃《ころ》、ある仏様《ほとけさま》のようなありがたい、明《あか》るい小《ちい》さな星《ほし》が、ちょうど光《ひかり》を放《はな》ち、遠《とお》くや近《ちか》くのものがはっきりと見《み》えたそのとき、少年《しょうねん》は、マンガスの急所《きゅうしょ》を見《み》つけだし、刀《かたな》で突《つ》き刺《さ》して殺《ころ》してしまいました。

おそろしい黒《くろ》いマンガスが息《いき》を引《ひ》き取《と》るや、明《あか》るい太陽《たいよう》がまたのぼり、世《よ》の中《なか》を照《て》らすと、人々《ひとびと》は大喜《おおよろこ》びし、聖《せい》なる高《たか》い山《やま》の少年《しょうねん》を英雄《えいゆう》としてたたえました。

ところが、喜《よろこ》びもつかの間《ま》、マンガスの母親《ははおや》が、自分《じぶん》の息子《むすこ》が殺《ころ》されたことを知《し》って、かたきを取《と》りに行《い》き、少年《しょうねん》の茶《ちゃ》わんに入《はい》った飲《の》み物《もの》に、気《き》づかれないよう毒《どく》を入《い》れて、少年《しょうねん》を殺《ころ》してしまったのです。

少年《しょうねん》がなくなるとき、人々《ひとびと》は、恩人《おんじん》となった少年《しょうねん》を、天国《てんごく》でうまれ変《か》わらせようとしましたが、少年《しょうねん》は、それをことわりました。

「私《わたし》は、天国《てんごく》でうまれ変《か》わりたくありません。私《わたし》がマンガスとたたかっているとき、明《あか》るい小《ちい》さな星《ほし》が私《わたし》を助《たす》けてくれました。そのため、私《わたし》は、多《おお》くの人《ひと》のためになるよう、明《あか》るい星《ほし》となってうまれ変《か》わります」

こうして、少年《しょうねん》は、空《そら》にのぼり、月《つき》となってうまれ変《か》わったそうです。少年《しょうねん》は、生《い》きているとき、よく人助《ひとだす》けする、心《こころ》のきれいな人《ひと》だったので、月《つき》は、星《ほし》よりももっと明《あか》るく、乳《ミルク》のような白《しろ》い色《いろ》をしているのだそうです。

一方《いっぽう》、太陽《たいよう》は、とてもまぶしい光《ひかり》を放《はな》ちますが、毒《どく》のあるマンガスの口《くち》に入《はい》ったので、けがれてしまったのです。太陽《たいよう》をよく観察《かんさつ》すると、*2黒点《こくてん》があるのは、マンガスの毒《どく》のせいだそうです。また、モンゴルでは、*3日食《にっしょく》が起《お》きるのは、マンガスが太陽《たいよう》を飲《の》みこんだためだといわれています。

＊2　黒点《こくてん》…太陽《たいよう》の表面《ひょうめん》に現《あらわ》れる黒《くろ》い斑点《はんてん》のことです。
＊3　日食《にっしょく》…月《つき》がちょうど太陽《たいよう》と地球《ちきゅう》の間《あいだ》に入り、地球《ちきゅう》から見《み》ると、太陽光線《たいようこうせん》がさえぎられて見《み》える現象《げんしょう》のことです。

〈訳者《やくしゃ》のひとこと〉

電気《でんき》のないむかしの人《ひと》たちにとって、月明《つきあ》かりは、どれほどありがたかったことでしょう。

なぜ北極星《ほっきょくせい》と北斗七星《ほくとしちせい》がうまれたの

むかしむかし、遠《とお》いある地方《ちほう》に、王《おう》さまとこの上《うえ》なく美《うつく》しいおきさきさまがおりました。王《おう》さまは、愛《あい》するおきさきさまを、いつもただ宮殿《きゅうでん》だけに住《す》まわせ、どこへも出《で》かけさせませんでした。

おきさきさまは、あるとき、王《おう》さまに、庭園《ていえん》を散歩《さんぽ》したいとお願《ねが》いしました。王《おう》さまは、今回《こんかい》だけ、愛《あい》するおきさきさまの願《ねが》いをしかたなく聞《き》き入《い》れたそうです。

わくわくし、胸《むね》おどるおきさきさまの足取《あしど》りは軽《かる》く、庭園《ていえん》を楽《たの》しそうに散歩《さんぽ》していると、よその土地《とち》から、これまで見《み》たこともない大《おお》きな鳥《とり》が、射《い》た矢《や》のごとく飛《と》んできて、おきさきさまをさらっていってしまいました。

あわてふためいた王《おう》さまは、優秀《ゆうしゅう》な自分《じぶん》のところの*1占星術師《せんせいじゅつし》を呼《よ》んで、たずね

*1　占星術師《せんせいじゅつし》…モンゴル語《ご》で、〝ゾルハィチ〟(zurkhaich)といい、モンゴル独自《どくじ》の仏教暦学《ぶっきょうれきがく》に基《もと》づいて、占《うらな》いを行《おこな》う人《ひと》のことです。現在《げんざい》でも、個人《こじん》の運勢占《うんせいうらな》いなどに多《おお》く利用《りよう》されます。

ました。

「さて、わしのききさきを誰《だれ》が見《み》つけてくることができるのか。優秀《ゆうしゅう》な占星術師《せんせいじゅつし》よ、正直《しょうじき》にいえ」

そこで、占星術師《せんせいじゅつし》は、すぐさま占《うらな》いました。

「はい、王《おう》さまのご希望通《きぼうどお》り、おきさきさまを見《み》つけてくることのできる者《もの》たちは近《ちか》くにおりますよ、王《おう》さま」

と答《こた》えました。

王《おう》さまが、

「おお、それで」

と聞《き》きかえすと、占星術師《せんせいじゅつし》は、

「王《おう》さまにお仕《つか》えする者《もの》たちの中《なか》で、王《おう》さまのウマや家畜《かちく》を放牧《ほうぼく》する、みなしごとして育《そだ》った八人兄弟《はちにんきょうだい》の子《こ》どもたちが、王《おう》さまのご期待《きたい》にそえますよ」

と答《こた》えました。

王《おう》さまは、またも、

「よし、で、それで」

と聞《き》きかえすと、占星術師《せんせいじゅつし》は、

「ただし王《おう》さま、これは、太陽《たいよう》がしずむ前《まえ》に実行《じっこう》しなければ、あなたのいとしいおきさきさまは、二度《にど》ともどってこない運命《うんめい》にあるのですよ」

と答《こた》えました。

王様《おうさま》は、すぐさま八人《はちにん》の子《こ》どもたちを連《つ》れてこさせ、次《つぎ》のようにいいました。

「さて、優秀《ゆうしゅう》な占星術師《せんせいじゅつし》の占《うらな》いでは、わしのきさきを、おまえたちが見《み》つけてくる運《うん》命《めい》にあるようだ。そのため、知恵《ちえ》を競《きそ》わせるときがやってきたのだ。わしのきさきを無事見《ぶじみ》つけてきたら、この世《よ》で、わしの宮殿《きゅうでん》にしかない〝金《きん》の矢《や》〟をあたえよう。それだけでなく、おまえたちすべてを役人《やくにん》や領主《りょうしゅ》たちにしよう。ただし、おまえたちは、誰《だれ》が何《なに》をできるのか、王《おう》であるわしに、まず申《もう》してみよ」

そこで、事情《じじょう》を聞《き》いた子《こ》どもたちは、順番《じゅんばん》に次《つぎ》のようにいいました。

長男《ちょうなん》である一番目《いちばんめ》の子《こ》どもが、

「はい、僕《ぼく》は、ねらったものは外《はず》さず、必《かなら》ず弓《ゆみ》で射落《いお》とすことができます」

といえば、二番目《にばんめ》の子《こ》どもは、

「僕《ぼく》は、この世《よ》の太陽《たいよう》や月《つき》の動《うご》きを一時的《いちじてき》に止《と》めることができます」

といい、三番目《さんばんめ》の子《こ》どもは、

「僕《ぼく》は、目《め》に見《み》えないものを見通《みとお》す、巧《たく》みな魔術《まじゅつ》をもっていますよ」

といいました。

四番目《よんばんめ》の子《こ》どもは、

「僕《ぼく》は、あらゆるものを、そのにおいでかぎつけ、どこからでも見《み》つけられますよ」

といえば、五番目《ごばんめ》の子《こ》どもは、

「僕《ぼく》は、あらしと風《かぜ》を、一度《いちど》に吸《す》いこむことができます」

といい、六番目《ろくばんめ》の子《こ》どもは、

「海《うみ》の水《みず》を、一気《いっき》に飲《の》みこむことができます」

といいました。

七番目《ななばんめ》の子《こ》どもは、

「天空《てんくう》の下《した》を、はや足《あし》で駆《か》けることができますよ、僕《ぼく》は」

といえば、末《すえ》っ子《こ》である八番目《はちばんめ》の子《こ》どもは、

「僕《ぼく》は、どんなものでも歩《ある》きながら、すばやくつかみ取《と》ってしまうことができます」

といいました。

すると、王《おう》さまは、

「よし、承知《しょうち》したぞ。だが、一《ひと》つ大事《だいじ》なことがある。太陽《たいよう》がしずむ前《まえ》に、できなけれ

ば、すべてが水《みず》の泡《あわ》になり、わしは、きさきを永遠《えいえん》に失《うしな》うことになるんだぞ。さあ、子《こ》どもたちよ、道中気《どうちゅうき》をつけて行《い》きなさい」

といって、見送《みおく》ってあげました。

期待《きたい》をせおった八人《はちにん》の子《こ》どもたちは、おきさきさまの散歩《さんぽ》していた庭園《ていえん》に着《つ》くと、すぐに仕事《しごと》に取《と》りかかりました。

嗅覚《きゅうかく》が鋭《するど》い四番目《よんばんめ》の子《こ》どもは、まずにおいをかいでから、ハゲワシが、おきさきさまをさらっていったと断定《だんてい》したそうです。

千里眼《せんりがん》をもつ三番目《さんばんめ》の子《こ》どもは、とらわれたおきさきさまが、どこにいるのか教《おし》えてくれたそうです。

すると、弓《ゆみ》の名人《めいじん》である一番目《いちばんめ》の子《こ》どもは、教《おし》えてくれた方向《ほうこう》へねらって、矢《や》を放《はな》ちました。矢《や》は、見事《みごと》にハゲワシの足《あし》の指《ゆび》に命中《めいちゅう》し、へし折《お》ると、おきさきさまは、解《と》き放《はな》たれ、下《した》へほうり投《な》げだされたそうです。

そこで、風《かぜ》を吸《す》いこむ五番目《ごばんめ》の子《こ》どもは、魔法《まほう》を使《つか》って、射《い》た矢《や》のごとく急降下《きゅうこうか》しているおきさきさまを吸《す》いこんで、自分《じぶん》たちの方《ほう》へ近《ちか》づけると、つかみ取《と》ることにたけた八番目《はちばんめ》の末《すえ》っ子《こ》は、空中《くうちゅう》に飛《と》びあがり、おきさきさまをつかみ取《と》る途中《とちゅう》で、二人《ふたり》とも海《うみ》に落《お》ちてしまいました。

その間《かん》に、あらゆるものの動《うご》きを一時的《いちじてき》に止《と》める二番目《にばんめ》の子《こ》どもは、しずみかけている太陽《たいよう》の動《うご》きを止《と》めました。

すると、海《うみ》の水《みず》を飲《の》みこむ六番目《ろくばんめ》の子《こ》どもは、おきさきさまと末《すえ》っ子《こ》の落《お》ちた海《うみ》を、底《そこ》があらわになるまで吸《す》いこみ、危険《きけん》な目《め》にあった二人《ふたり》を地表《ちひょう》にさらけ出《だ》したのです。

それを見《み》たハゲワシは、再《ふたた》びおきさきさまをさらっていこうと、*2投石器《とうせきき》から放《はな》たれた石《いし》のごとく、すばやく飛《と》んで、おそいかかってきたそうです。

すると、はや足《あし》の七番目《ななばんめ》の子《こ》どもは、射《い》た矢《や》のごとく走《はし》り、おきさきさまを、ハゲワシの足《あし》の指《ゆび》から争《あらそ》ってうばい取《と》ると、八番目《はちばんめ》の末《すえ》っ子《こ》は、立《た》ちあがって、ハゲワシの頭《あたま》をすぱっと切《き》り落《お》としました。さらに、ものの動《うご》きを一時的《いちじてき》に止《と》める二番目《にばんめ》の子《こ》どもは、止《と》めていた太陽《たいよう》を放《はな》して、しずめました。

こうして、八人《はちにん》の子《こ》どもたちは、おきさきさまを、無事王《ぶじおう》さまのもとに連《つ》れもどしました。王《おう》さまは、喜《よろこ》びにあふれ、約束《やくそく》を果《は》たそうとしました。

ところが、子《こ》どもたちは、

「王《おう》さま、僕《ぼく》たちは、領主《りょうしゅ》や役人《やくにん》たちになりたくありません。ただ、王《おう》さまのあの〝金《きん》の矢《や》〟以外《いがい》、僕《ぼく》たちには何《なに》もいりません」

といいました。

王《おう》さまは、

「だが、待《ま》てよ。いやそれで、わしは、今《いま》たった一本《いっぽん》しかない〝金《きん》の矢《や》〟を、いったいおまえたちの誰《だれ》にあたえればいいんだ、ええ？」

とたずねました。

子《こ》どもたちは、

「いいえ、いいえ。それは、王《おう》さまご自身《じしん》がお決《き》めになられますように」

と答《こた》えました。

＊2 投石器《とうせきき》…石《いし》を遠《とお》くへ飛《と》ばすためのひもで作《つく》った道具《どうぐ》。

それを聞《き》いた王《おう》さまは、しばらく考《かんが》えこんでから、

「ああ、まあよかろう。こうしよう。わしは、この矢《や》を天《てん》に向《む》けて放《はな》とう。先《さき》を競《きそ》って、最初《さいしょ》にたどり着《つ》いたものが取《と》りなさい」

といって、矢《や》を天《てん》に向《む》けて、ねらって放《はな》ちました。

すると、矢《や》をめがけて、八人《はちにん》の子《こ》どもたちが、横一列《よこいちれつ》に並《なら》んで、天《てん》に舞《ま》いあがりました。そのとき、八番目《はちばんめ》の末《すえ》っ子《こ》が、他《ほか》の七人《しちにん》の兄《あに》たちよりも、いちはやく天《てん》にのぼり、最初《さいしょ》に〝金《きん》の矢《や》〟に追《お》いついて、つかみ取《と》ったのです。

こうして、八番目《はちばんめ》の末《すえ》っ子《こ》は、そこで*3北極星《ほっきょくせい》になったそうです。また、七人《しちにん》の

兄《あに》たちも、その後《あと》を追《お》って、天空《てんくう》の＊4北斗七星《ほくとしちせい》になったということです。

夜《よる》になると、天空《てんくう》に無数《むすう》の星《ほし》が、きらきらかがやきます。その中《なか》でも、北極星《ほっきょくせい》は、ひときわ目立《めだ》ち、その少《すこ》し東《ひがし》の方《ほう》に北斗七星《ほくとしちせい》が、かがやきを放《はな》ちます。

モンゴルでは、むかしから、この二《ふた》つの星《ほし》にまつわるこのようなお話《はなし》が、今《いま》なお人々《ひとびと》に語《かた》りつがれています。

＊3 北極星《ほっきょくせい》…モンゴル語《ご》で、〝アルタン ガダス〟(altan gadas) といい、〝金《きん》のくい〟という意味《いみ》です。
＊4 北斗七星《ほくとしちせい》…モンゴル語《ご》で、〝ドローン ボルハン〟(doloon burkhan) といい、〝七《なな》つの仏《ほとけ》〟という意味《いみ》です。

〈訳者《やくしゃ》のひとこと〉

むかしの人《ひと》たちにとって、北《きた》の空《そら》に、明《あか》るくかがやく北極星《ほっきょくせい》は、方角《ほうがく》を知《し》るたった一《ひと》つの手段《しゅだん》だったのでしょう。

なぜ金星《きんせい》とすばるは一年《いちねん》に一度《いちど》であうの

むかしむかし、兄弟《きょうだい》六人《ろくにん》の若者《わかもの》がいました。彼《かれ》らは、ある日《ひ》、四方八方《しほうはっぽう》いたるところへ行《い》って、学問《がくもん》や魔術《まじゅつ》を学《まな》んでこようと話《はな》し合《あ》ったそうです。そして三年後《さんねんご》、故郷《こきょう》に帰《かえ》ってきて再会《さいかい》する約束《やくそく》をし、六人《ろくにん》が、それぞれ別《べつ》の方向《ほうこう》に出《で》かけたのです。

三年《さんねん》がたち、全員《ぜんいん》がそれぞれ一《ひと》つずつ学問《がくもん》や魔術《まじゅつ》を学《まな》んで、約束《やくそく》した場所《ばしょ》にもどってきましたが、一番下《いちばんした》の弟《おとうと》は、帰《かえ》ってきませんでした。

兄《あに》たちは、一番下《いちばんした》の弟《おとうと》のことが気《き》がかりでしたが、まず最初《さいしょ》に、それぞれどんな学《がく》を学《まな》んできたのか話《はな》し合《あ》ったそうです。

一番上《いちばんうえ》の兄《あに》は、

「目《め》に見《み》えないものを見通《みとお》す魔術《まじゅつ》を身《み》につけた」

といいました。

二番目《にばんめ》は、

「この世《よ》のいたるところで起《お》こっている出《で》来事《きごと》がわかる学《がく》を身《み》につけた」

といいました。

三番目《さんばんめ》は、

「行《い》きたいところに飛《と》んでいける魔術《まじゅつ》を身《み》につけた」

といいました。

四番目《よんばんめ》は、

「どんな悪《あく》の敵《てき》にもまったく見《み》つからず、そばを通《とお》り過《す》ぎることのできる魔術《まじゅつ》を身《み》につけた」

といいました。

五番目《ごばんめ》は、

「ほしいものは何《なん》でも願《ねが》いをかなえることのできる魔術《まじゅつ》を身《み》につけた」

といったそうです。

そこで、一番上《いちばんうえ》の兄《あに》は、

「一番下《いちばんした》の弟《おとうと》は、海外《かいがい》のはるか遠《とお》くの地《ち》で、ある王《おう》さまの美《うつく》しい姫《ひめ》と親《した》しくなったと見《み》てとれる。だが、どうやって弟《おとうと》を見《み》つけだそうか」

とたずねました。

すると、二番目《にばんめ》の兄《あに》は、

「弟《おとうと》を連《つ》れてくる途中《とちゅう》で起《お》こる障害《しょうがい》といえば、海外《かいがい》の真《ま》ん中《なか》の島《しま》に大蛇《だいじゃ》がいて、そいつは、海《うみ》の上《うえ》を通過《つうか》するあらゆるものを吸《す》って飲《の》み込《こ》むとても危険《きけん》なやつだ。そこさえ克服《こくふく》できれば、僕《ぼく》たちは、弟《おとうと》を連《つ》れて帰《かえ》ることができるんだ」

と答《こた》えました。

三番目《さんばんめ》の兄《あに》は、

「あなたたちが、毒蛇《どくへび》に飲《の》みこまれず到着《とうちゃく》できるというなら、僕《ぼく》は、送《おく》りとどけることができる。みんな、各自《かくじ》の服《ふく》のすそを手《て》でつかみなさい。僕《ぼく》は、空《そら》を飛《と》んで、みんなを連《つ》れていこう」

といいました。

四番目《よんばんめ》の兄《あに》は、

「毒蛇《どくへび》を、僕《ぼく》が何《なん》とかしよう」

といいました。

五番目《ごばんめ》の弟《おとうと》は、

「僕《ぼく》は、弟《おとうと》がもどってきたとき、ほしいものは何《なん》でもかなえてあげることができる」

といいました。

そこで、兄弟五人《きょうだいごにん》は、弟《おとうと》を見《み》つけて連《つ》れてくるため、海外《かいがい》の海《うみ》の上《うえ》を飛《と》んでいくと、いきなり大《おお》きなたつまきが起《お》こり、毒蛇《どくへび》は、欲《よく》ばって何《なん》でも吸《す》いこもうとしましたが、どこを何《なに》が通《とお》っているのかさっぱりわからず、ただむだに吸《す》いこんだだけで終《お》わったのです。

こうして、兄弟《きょうだい》たちは、一番下《いちばんした》の弟《おとうと》を美《うつく》しい姫《ひめ》とともに、故郷《こきょう》に連《つ》れてきて大喜《おおよろこ》びし、五番目《ごばんめ》の弟《おとうと》が、服《ふく》や家畜《かちく》・財産《ざいさん》、食《た》べ物《もの》、その他《た》ほしいものをすべて準備《じゅんび》してあげました。

その後《ご》、兄弟六人《きょうだいろくにん》が集《あつ》まり、その美《うつく》しい姫《ひめ》を、誰《だれ》が嫁《よめ》にもらうのか話《はな》し合《あ》ったそうです。

一番下《いちばんした》の弟《おとうと》は、

「僕《ぼく》が見《み》つけたので、僕《ぼく》がもらおう」

といいました。

「家《いえ》や家畜《かちく》・財産《ざいさん》、家具《かぐ》などを、僕《ぼく》が何不自由《なにふじゆう》なく準備《じゅんび》したので、僕《ぼく》がもらおう」

と五番目《ごばんめ》の弟《おとうと》がいいました。

「でも、あなたたちは、僕《ぼく》がいなければ、毒蛇《どくへび》のえじきになるところだったんじゃないか。あなたたちを助《たす》けたので、当然僕《とうぜんぼく》がもらうべきだ」

と四番目《よんばんめ》の兄《あに》がいいました。

「僕《ぼく》がいなければ、あなたたちは、海外《かいがい》のはるか遠《とお》くへどうやって行《い》って、もどってこられるのか。送《おく》りとどけ、連《つ》れて帰《かえ》ってきたので、僕《ぼく》がもらおう」

と三番目《さんばんめ》の兄《あに》がいいました。

「あらゆる事情《じじょう》を知《し》り、どこにいるのか知《し》り得《え》たので、僕《ぼく》がもらおう」

と一番上《いちばんうえ》と二番目《にばんめ》の兄《あに》が、それぞれいいました。

こうして、兄弟六人《きょうだいろくにん》が議論《ぎろん》していると、姫《ひめ》は、

「それなら、全員《ぜんいん》で、天《てん》にのぼって星《ほし》になりましょう。私は、〝*金星《きんせい》〟という星《ほし》に

なります。みなさんは、〝すばる〟*2という星《ほし》たちになってください。そして、年《ねん》に一度《いちど》、おたがい姿《すがた》を見《み》ることにしましょう」

といって、その姫《ひめ》は、〝金星《きんせい》〟になりました。また、兄弟六人《きょうだいろくにん》は、姫《ひめ》のいった通《とお》り、〝すばる〟という星《ほし》になったそうです。

こうして、姫《ひめ》と兄弟六人《きょうだいろくにん》が、おたがい姿《すがた》を見《み》ることを、〝金星《きんせい》〟と〝すばる〟がめぐり合《あ》うというのだそうです。

*1 金星《きんせい》…モンゴル語《ご》で、〝ツォルモン〟(tsolmon)といいます。明《あ》け方《がた》に見《み》えるのを〝あけの明星《みょうじょう》〟、夕方《ゆうがた》に見《み》えるのを〝よいの明星《みょうじょう》〟といいます。ローマ神話《しんわ》では、〝ヴィーナス〟と呼《よ》ばれ、愛《あい》と美《び》の女神《めがみ》として登場《とうじょう》します。
*2 すばる…モンゴル語《ご》で、〝ミチドゥ〟(michid)といいます。おうし座《ざ》のプレアデス星団《せいだん》のことで、世界《せかい》の多《おお》くの民族《みんぞく》で、この星座《せいざ》にまつわる民話《みんわ》・伝説《でんせつ》が古《ふる》くから語《かた》りつがれています。

〈訳者《やくしゃ》のひとこと〉

話《はなし》はちがいますが、おり姫星《ひめぼし》とひこ星《ぼし》が、年《ねん》に一度《いちど》だけ会《あ》うという、日本《にほん》の七夕伝説《たなばたでんせつ》が思《おも》い出《だ》されます。

なぜ夜空《よぞら》に天《あま》の川《がわ》がうまれたの

むかしむかし、天地《てんち》が創造《そうぞう》されるとき、そこに一人《ひとり》の老婆《ろうば》がいました。あるとき、老婆《ろうば》は、偶然身《ぐうぜんみ》ごもったのです。

当時《とうじ》、天《てん》はまだ完全《かんぜん》にできあがっておらず、天《てん》のとびらは両側《りょうがわ》から徐々《じょじょ》に閉《と》じはじめ、大地《だいち》の上《うえ》をおおっていきました。

年月《ねんげつ》がたっても、天《てん》は完全《かんぜん》に閉《と》じてもいなければ、また子《こ》どももうまれていませんでした。

おなかの中《なか》にいる子《こ》どもは、老婆《ろうば》に、

「天《てん》のとびらは、もう閉《と》じようとしているの」

といつもたずねていました。

老婆《ろうば》は、そのたびに
「まだですよ」

と答《こた》えていました。

天《てん》が完全《かんぜん》にできあがりかけていたあるとき、子《こ》どもは、おなかの中《なか》から、また同《おな》じ質問《しつもん》をくりかえしました。

まだうまれてもいないのに、長年《ながねん》ばかげたことを聞《き》いてくる、しつけのなっていない子《こ》どもに腹《はら》を立《た》て、老婆《ろうば》は、

「天《てん》のとびらは、もう閉《と》じたよ」

とうそをつくと、子《こ》どもは、老婆《ろうば》に、

「左《ひだり》の手《て》をあげて」

といいました。

するど、子《こ》どもは、老婆《ろうば》のわきの下《した》からうまれたそうです。うまれたとき、すでに成人《せいじん》した男性《だんせい》でした。うまれてすぐに、天《てん》を見上《みあ》げると、天《てん》がまだ完全《かんぜん》に閉《と》じきっ

ていないことを見《み》て、灰《はい》をつかみとって、天《てん》に向《む》かって息《いき》を吹《ふ》きかけ、まきちらしたのです。

天《てん》にまきちらしたその灰《はい》は、まだ完全《かんぜん》に閉《と》じきっていなかった天《てん》の、その細長《ほそなが》い帯状《おびじょう》の部分《ぶぶん》をおおってしまい、それが〝天《あま》の川《がわ》〟*になったのだそうです。

この世《よ》に最初《さいしょ》にうまれた男《おとこ》の人《ひと》が、予定《よてい》より早《はや》くうまれたために、人間《にんげん》は、寿命《じゅみょう》が短《みじか》くなったということです。また、老婆《ろうば》が、子《こ》どもにうそをついたせいで、現在《げんざい》、人間《にんげん》は、うそつきや偽善者《ぎぜんしゃ》、さらに泥棒《どろぼう》になるのだそうです。

*天《あま》の川《がわ》…モンゴル語《ご》で、〝テンゲリーン ザーダル〟(tengeriin zaadal)といい、〝天《てん》の縫《ぬ》い目《め》〟という意味《いみ》です。

〈訳者《やくしゃ》のひとこと〉

もし当時《とうじ》、天《てん》が完全《かんぜん》に閉《と》じてしまっていたら、今《いま》、私《わたし》たちは、天《あま》の川《がわ》を見《み》ることができたでしょうか。

なぜ夏《なつ》と冬《ふゆ》が交互《こうご》にやってくるの

*1乳海《にゅうかい》がまだ水《みず》たまりで、*2須弥山《しゅみせん》がまだ小《ちい》さな丘《おか》だった頃《ころ》*3、寒《さむ》さのおじいさんと暖《あたた》かさのおじいさんが力《ちから》くらべしようとしました。

寒《さむ》さのおじいさんが、

「おれは九日間《ここのかかん》でこの世《よ》を完全《かんぜん》に凍《こお》らせよう。おまえはそれをとかすことができるかい」

というと、

暖《あたた》かさのおじいさんは、

「それじゃ、おれは八日間《ようかかん》だけで雪《ゆき》と氷《こおり》をとかして、水《みず》の海《うみ》にしてみせよう。でも、おまえはおれの暑《あつ》さをさえぎることができないぞ」

といいました。

そこで、二人《ふたり》は、かけに勝《か》った方《ほう》が、負《ま》けた方《ほう》を支配《しはい》することに決《き》めました。

寒《さむ》さのおじいさんは、九日間《ここのかかん》吹雪《ふぶき》を起《お》こし、異常《いじょう》な寒《さむ》さでこの世《よ》を完全《かんぜん》に氷《こおり》になるまで凍《こお》らせ、巨大《きょだい》な種牛《たねうし》をつくって守護神《しゅごしん》においたそうです。

暖《あたた》かさのおじいさんは、八日間《ようかかん》で太陽《たいよう》をつくり、この世《よ》を八方《はっぽう》から照《て》らし、八日間《ようかかん》で大量《たいりょう》の水《みず》の海《うみ》にしてしまいました。

「さて、どこに氷《こおり》が残《のこ》ったのか」

と暖《あたた》かさのおじいさんが調《しら》べてみると、巨大《きょだい》な種牛《たねうし》の四本足《よんほんあし》の下《した》に、氷《こおり》が残《のこ》っていました。その二本《にほん》の前足《まえあし》の下《した》が、現在《げんざい》の南極《なんきょく》となってできたのだそうです。

暖《あたた》かさのおじいさんはおこって、その種牛《たねうし》の割《わ》れていない足《あし》のひづめを、グサッとたたき切《き》ってしまいました。そのために、牛《うし》は二《ふた》つに割《わ》れたひづめになったそうです。

しかし、二人《ふたり》のおじいさんの力《ちから》は互角《ごかく》で、一年《いちねん》を等《ひと》しく分《わ》けたため、夏《なつ》と冬《ふゆ》が交互《こうご》にやってくるようになったそうです。

＊1　乳海《にゅうかい》…仏教《ぶっきょう》のことばで、須弥山《しゅみせん》を取《と》り囲《かこ》むこの世《よ》で一番広《いちばんひろ》い海《うみ》のことです。モンゴル語《ご》で、〝スン　ダライ〟（sün dalai）といい、〝乳《ちち》の海《うみ》〟という意味《いみ》です。

＊2　須弥山《しゅみせん》…仏教《ぶっきょう》のことばで、この世《よ》で一番高《いちばんたか》くそびえる山《やま》のことです。モンゴル語《ご》で、〝スンベル　オール〟（sümber uul）といい、〝スンベル山《ざん》〟という意味《いみ》です。

＊3　乳海《にゅうかい》がまだ水《みず》たまりで、須弥山《しゅみせん》がまだ小《ちい》さな丘《おか》だった頃《ころ》…モンゴルのむかし話《ばなし》では、とくに天地創造《てんちそうぞう》の場面《ばめん》で、決《き》まってよく用《もち》いられる表現《ひょうげん》です。

〈訳者《やくしゃ》のひとこと〉

もし二人《ふたり》のおじいさんのどちらか一方《いっぽう》が勝《か》っていたら、世《よ》の中《なか》はどうなっていたでしょう。

モンゴルの文化1

モンゴル人《じん》と五畜《ごちく》

さて、突然《とつぜん》ですが、クイズです。

モンゴル人《じん》にとって、とっても大切《たいせつ》で、ないとこまるものは、いったい何《なん》でしょうか？

答《こた》えは、五畜《ごちく》です。

五畜《ごちく》の「五《ご》」は、五種類《ごしゅるい》の「五《ご》」、「畜《ちく》」は、家畜《かちく》の「畜《ちく》」、すなわち「五種類《ごしゅるい》の家畜《かちく》」の意味《いみ》です。モンゴルでは、人間《にんげん》が生活《せいかつ》するために飼《か》う「ウマ・ウシ・ラクダ・ヒツジ・ヤギ」の五《いつ》つの動物《どうぶつ》のことを指《さ》します。つまり、モンゴル人《じん》が飼《か》って育《そだ》てる五種類《ごしゅるい》の動物《どうぶつ》たちのことですね。

では、どうしてモンゴル人《じん》は、五畜《ごちく》がないとこまるのでしょうか？

【答《こた》え1】おいしい食《た》べ物《もの》ができるから。

草原《そうげん》のおいしい草《くさ》を食《た》べた五畜《ごちく》の肉《にく》は、当然《とうぜん》とてもおいしいものです。モンゴル人《じん》は、内臓《ないぞう》や血《ち》など、何一《なにひと》つ残《のこ》さず、きれいに食《た》べます。五畜《ごちく》の骨《ほね》は、人間《にんげん》は食《た》べませんから、

犬《いぬ》のえさになったり、子《こ》どもの遊《あそ》び道具《どうぐ》や占《うらな》いなどに使《つか》われます。

また、五畜《ごちく》のミルクは、いろいろな種類《しゅるい》の乳製品《にゅうせいひん》（チーズやヨーグルトなど）に加工《かこう》され、貴重《きちょう》な食料《しょくりょう》になります。特《とく》に馬乳酒《ばにゅうしゅ》（馬《うま》のミルクをはっこうさせて作《つく》った飲《の》み物《もの》）は、モンゴル人《じん》の大好《だいす》きな飲《の》み物《もの》です。これは、名前《なまえ》に「酒《さけ》」と書《か》かれていますが、お酒《さけ》よりも、むしろヨーグルトに近《ちか》いものです。

【答《こた》え2】人間《にんげん》の体《からだ》や家《いえ》を、寒《さむ》さから守《まも》ってくれるから。

ヒツジやヤギ、ラクダなどの毛《け》で、暖《あたた》かい服《ふく》やくつ、ぼうし、スリッパなどを作《つく》ることができます。

特《とく》にヤギの毛《け》は、とても高級《こうきゅう》で暖《あたた》かいカシミヤになります。さらに、家《いえ》を、家畜《かちく》の毛《け》で作《つく》ったフェルトでかこむと、家《いえ》の中《なか》に冷《つめ》たい風《かぜ》や空気《くうき》が入《はい》ってくるのを防《ふせ》ぎます。

【答《こた》え3】いろいろな道具《どうぐ》になるから。

家畜《かちく》の大《おお》きな胃《い》ぶくろは、乳製品用《にゅうせいひんよう》の加工《かこう》や保存《ほぞん》ぶくろとして、また小物入《こものい》れとしても利用《りよう》できます。家畜《かちく》の皮《かわ》は、くら、たづな、ひもや、かばん、さいふなどに加工《かこう》され、さまざまな役割《やくわり》を果《は》たしています。

【答《こた》え4】目的地《もくてきち》に移動《いどう》したり、物《もの》を運《はこ》ぶことができるから。

むかし、まだバイクや自動車《じどうしゃ》、飛行機《ひこうき》などがなかった時代《じだい》、ウマ、ラクダ、ウシが、人間《にんげん》や物《もの》を運《はこ》んだり、引《ひ》っこししたりするときに大活《だいかつ》やくしました。ちなみに、モンゴル人《じん》は、ウマとラクダには、くらをつけて乗《の》りますが、ウシには乗《の》りません。ウシには、人《ひと》や荷物《にもつ》を引《ひ》っ張《ぱ》らせます。

このように、モンゴル人《じん》の生活《せいかつ》は、五畜《ごちく》から多《おお》くのめぐみを受《う》けて成《な》り立《た》っています。そのため、家畜《かちく》に対《たい》する感謝《かんしゃ》の気持《きも》ちを忘《わす》れず、家畜《かちく》を大切《たいせつ》にする習慣《しゅうかん》が、次《つぎ》の世代《せだい》の子《こ》どもたちへと受《う》けつがれていきます。

植《しょく》物《ぶつ》のなぜなぜ話《ばなし》

なぜマツ、スギ、マオウは常緑樹《じょうりょくじゅ》になったの

むかしむかし、一羽《いちわ》の心《こころ》のきれいなツバメが、人間《にんげん》に不《ふ》老不死《ろうふし》の水《みず》を飲《の》ませようと、数滴《すうてき》口《くち》に含《ふく》んで飛《と》んで行《い》ったそうです。

ところが、いじわるな＊1マルハナバチが、そのことを知《し》り、ツバメが飛《と》んで行《い》く途中《とちゅう》で、横《よこ》から刺《さ》してしまったのです。

ツバメは、痛《いた》さのあまり思《おも》わず声《こえ》を上《あ》げ、

「あいたた」

と叫《さけ》んだところ、口《くち》の中《なか》の不老不死《ふろうふし》の水《みず》をこぼしてしまい

＊1 マルハナバチ…ミツバチ科《か》の昆虫《こんちゅう》で、ミツバチよりも大《おお》きく、毛深《けぶか》くまるみがあります。モンゴル語《ご》で、〝ウヘル〜ヘドゥゲン〟(ükher khedgene) といいます。

ました。

こぼれたその水《みず》が、マツ、スギ、*2マオウの三《みっ》つにかかったので、この三《みっ》つの植物《しょくぶつ》は、常緑針葉樹《じょうりょくしんようじゅ》になったそうです。

すべてのことがむだになり、ツバメは、くやしがりいらだって、マルハナバチの舌《した》をグイッと引《ひ》きぬいたので、その時以来《ときいらい》、マルハナバチは、美《うつく》しく感動的《かんどうてき》な声《こえ》で鳴《な》くことができなくなり、むなしくただブンブンいうようになったそうです。

*2 マオウ…マオウ科《か》の常緑低木《じょうりょくていぼく》で、高《たか》さはおよそ30センチぐらいです。中国北部《ちゅうごくほくぶ》、モンゴルが原産地《げんさんち》です。モンゴル語《ご》で、〝ゼールゲン〟(zeergene)といいます。

〈訳者《やくしゃ》のひとこと〉

もし不老不死《ふろうふし》の水《みず》が、人間《にんげん》にかかっていたら、人間《にんげん》は長生《ながい》きし続《つづ》け、本当《ほんとう》にしあわせになれたのでしょうか。

なぜゴビ砂漠《さばく》にサクサウルの木《き》がはえているの

むかしむかし、モンゴルで、背《せ》の高《たか》い＊1シベリアカラマツと背《せ》の低《ひく》い＊2サクサウルの二《ふた》つの木《き》が、領土《りょうど》あらそいをし、たたかい合《あ》って、シベリアカラマツの方《ほう》が勝《か》ったそうです。

その結果《けっか》、北《きた》と中央《ちゅうおう》にある〝ハンガイ〟という森林地帯《しんりんちたい》を、シベリアカラマツが占領《せんりょう》するようになり、サクサウルの木《き》を、南《みなみ》にある〝ゴビ〟の砂《さ》漠地帯《ばくちたい》に追《お》いやってしまったのです。

とはいえ、山《やま》の頂上《ちょうじょう》や尾根《おね》にも、シベリアカラマツが、あちこちごつごつ突《つ》き出《で》てはえている

サクサウルの木《き》

のは、サクサウルがこちらにやってくるかもしれないと、見張《みは》ってながめているからだそうです。

また、山《やま》の北斜面《きたしゃめん》にはえた小《ちい》さな木《き》のことをまとめて、〝シベリアカラマツの子《こ》どもたち〟ということがあります。

シベリアカラマツの木《き》の節《ふし》が、釘《くぎ》をぐさりと打《う》ちこんだような形《かたち》をしているのは、サクサウルの放《はな》った矢《や》が、シベリアカラマツの体《からだ》に残《のこ》ったためだといわれています。

こういうわけで、現在《げんざい》、ゴビ砂漠《さばく》には、サクサウルの木《き》がはえているということです。

＊1 シベリアカラマツ…モンゴル語《ご》で、〝ハルガィ〟(khargai)といい、マツ科《か》カラマツ属《ぞく》の高木《こうぼく》です。高《たか》さ20～40メートルほどで、葉《は》は針状《しんじょう》で、秋《あき》に落葉《らくよう》するので、落葉性針葉樹《らくようせいしんようじゅ》と呼《よ》ばれます。

＊2 サクサウル…モンゴル語《ご》で、〝ザグ〟(zag)といいます。アカザ科《か》に属《ぞく》する高《たか》さ2～3メートルの低木《ていぼく》で、中央《ちゅうおう》アジアの砂漠《さばく》によく見《み》られ、乾燥地《かんそうち》に適《てき》しています。幹《みき》はかたく、根《ね》は深《ふか》く、かれた木《き》は、遊牧民《ゆうぼくみん》にとって重要《じゅうよう》な燃料《ねんりょう》となります。

〈訳者《やくしゃ》のひとこと〉

水《みず》のないゴビ砂漠《さばく》にはえる、サクサウルの木《き》の生命力《せいめいりょく》の強《つよ》さが感《かん》じられますね。

写真：塩谷茂樹撮影（上、下とも）

砂《さ》漠《ばく》のサクサウルと森《しん》林《りん》地《ち》帯《たい》のシベリアカラマツ

サクサウル（左写真《ひだりしゃしん》）は寒《さむ》さと乾燥《かんそう》に強《つよ》い、高《たか》さ2~3メートルの低木《ていぼく》です。モンゴル語《ご》で「ザグ」といい、緑《みどり》の少《すく》ないゴビ砂漠《さばく》に暮《く》らす遊牧民《ゆうぼくみん》にとって、とても大切《たいせつ》な木《き》です。枝《えだ》は調理《ちょうり》や暖房《だんぼう》の燃料《ねんりょう》、葉《は》はラクダなどの家畜《かちく》の食糧《しょくりょう》になります（上《うえ》の絵《え》）。ゴビの暴風《ぼうふう》に飛《と》ばされないように、大地《だいち》に根《ね》を深《ふか》く張《は》るため、防風林《ぼうふうりん》の役割《やくわり》も果《は》たしています。

シベリアカラマツ（右写真《しゃしん》）は北半球《きたはんきゅう》の樹木《じゅもく》です。モンゴルでは北部《ほくぶ》や水源地《すいげんち》であるハンガイ（中央部《ちゅうおうぶ》の森林地帯《しんりんちたい》）に生育《せいいく》し、モンゴルの水源《すいげん》を守《まも》っています。樹木《じゅもく》の種類《しゅるい》が少《すく》ないモンゴルでは、貴重《きちょう》な建築《けんちく》材料《ざいりょう》や燃料《ねんりょう》です。上《うえ》の絵《え》に描《えが》かれているヘラジカはハンガイの森《もり》を生活場《せいかつば》にしているもっとも大《おお》きい動物《どうぶつ》の一種《いっしゅ》で、ハンガイの生態環境《せいたいかんきょう》の象徴《しょうちょう》です。

動《うご》く家《いえ》「ゲル」

ゲル（モンゴル語《ご》でゲルといいます）とは、モンゴルの移動式《いどうしき》の家《いえ》のことです。えっ、家《いえ》が動《うご》く？　動《うご》く家《いえ》ってどんな家《いえ》なの？　そうです。ゲルは、とってもおもしろい家《いえ》なのです。

ゲルは、組《く》み立《た》て式《しき》の家《いえ》のことで、遊牧民《ゆうぼくみん》は、季節《きせつ》が変《か》わると、ゲルを解体《かいたい》して、ちがうところに移動《いどう》します。引《ひ》っこしするとき、夏《なつ》は、川《かわ》の近《ちか》くのすずしい場所《ばしょ》、冬《ふゆ》は、山《やま》のふもとの、北風《きたかぜ》があまりあたらない場所《ばしょ》を選《えら》びます。ゲルの重《おも》さは、約《やく》２００キログラム、ラクダが一頭《いっとう》いれば運《はこ》ぶことができます。大人《おとな》の男性《だんせい》が二人《ふたり》いれば、組《く》み立《た》てや解体《かいたい》は、およそ１時間半《じかんはん》から2時間《じかん》でできます。ゲルを組《く》み立《た》てるときの材料《ざいりょう》は、飼《か》っている家畜《かちく》や自然《しぜん》の中《なか》からさがします。自分《じぶん》たちの身《み》の回《まわ》りにあるもので家《いえ》を作《つく》るなんて、日本《にほん》では、まったく考《かんが》えら

れませんね。

ゲルの入《い》り口《ぐち》のドアを開《あ》けて中《なか》に入《はい》ると、まだまだおもしろい発見《はっけん》があります。まず、ゲルには、一《ひと》つしか部屋《へや》がありません。家族《かぞく》みんながねる部屋《へや》、料理《りょうり》を作《つく》る部屋《へや》、子《こ》どもたちが遊《あそ》ぶ部屋《へや》、勉強《べんきょう》する部屋《へや》、お客《きゃく》さんが入《はい》る部屋《へや》など、すべてが同《おな》じ一《ひと》つの部屋《へや》です。でも、誰《だれ》がどこに座《すわ》るか、たなやベッドなど、どこに何《なに》を置《お》くかは、モンゴルの習慣《しゅうかん》で決《き》まっています。

また、ゲルに住《す》むと、いちいち天気予報《てんきよほう》や時計《とけい》を見《み》なくても、天気《てんき》や時間《じかん》がわかるのです。ゲルの入《い》り口《ぐち》のドアにある、小窓《こまど》のくもりぐあいを見《み》ると、今日《きょう》は、外《そと》がどれくらい寒《さむ》いか予測《よそく》できるのです。さらに、天窓《てんまど》（モンゴル語《ご》でトーノといいます）から入《はい》ってくる太陽《たいよう》の光《ひかり》の向《む》きで、だいたいの時間《じかん》がわかる仕組《しく》みになっています。

ゲルの中《なか》は、冬《ふゆ》は暖《あたた》かくて、夏《なつ》はすずしいです。夏《なつ》の草原《そうげん》は、緑《みどり》のじゅうたんみたいです。そのじゅうたんの上《うえ》に、白《しろ》いゲルがぽつんと

立《た》っていて、そのまわりを家畜《かちく》たちが草《くさ》を食《は》んでいる様子《ようす》を想像《そうぞう》してみてください。これこそが、モンゴル人《じん》の生活風景《せいかつふうけい》、まさにモンゴル人《じん》の心安《こころやす》らぐ美《うつく》しい風景《ふうけい》なのです。

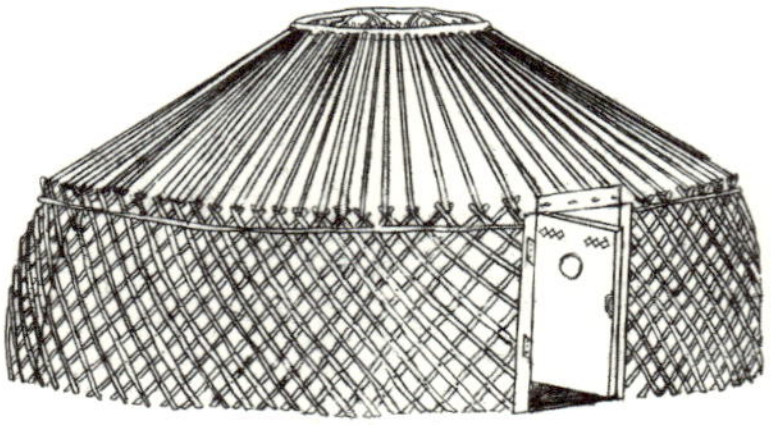

1．組《く》み立《た》てる

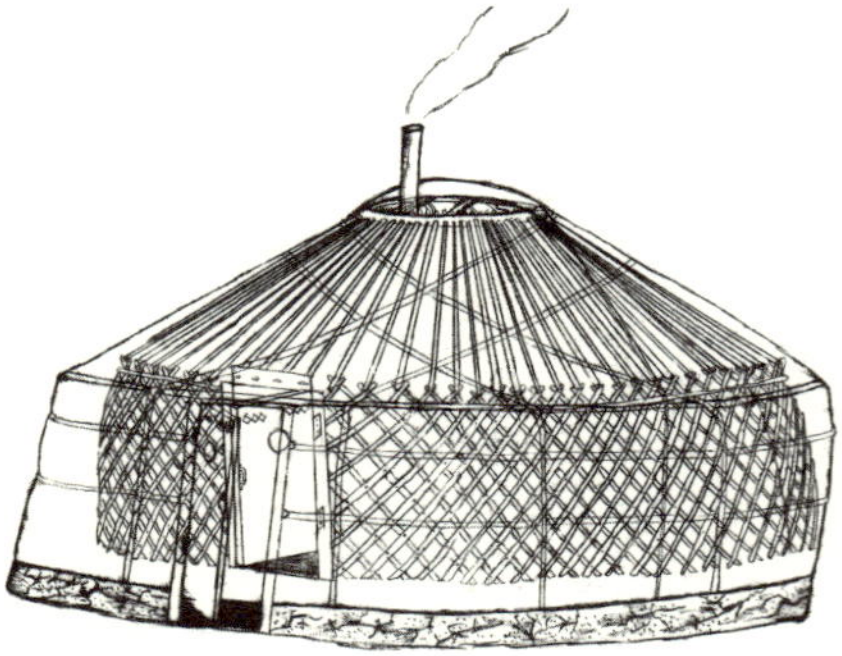

2．かぶせる

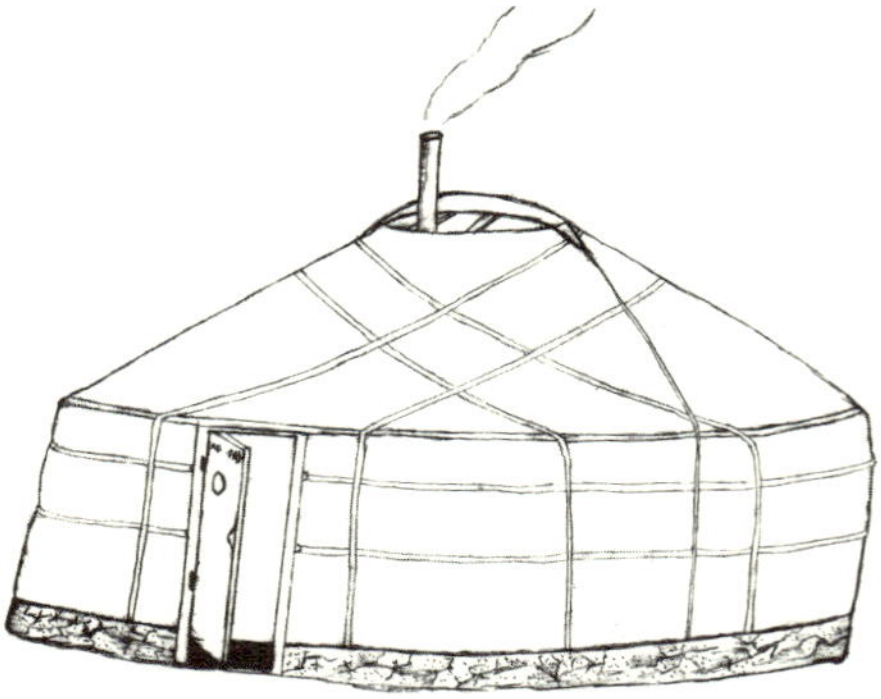

3．完成《かんせい》!!

寒《さむ》さと牛《うし》のフン

モンゴルは、世界《せかい》で一番寒《いちばんさむ》い国《くに》のひとつです。マイナス20度《ど》なんて、ごく当《あ》たり前《まえ》。マイナス35度以下《どいか》の日《ひ》だってあります。でも、ゲルを暖《だん》ぼう器具《きぐ》で暖《あたた》めることはできません。だって大《だい》草原《そうげん》には、もちろん電気《でんき》がないからです。そのうえ、草原《そうげん》には木《き》がはえていません。木材《もくざい》がないため、たきぎにして燃《も》やすこともできません。

では、いったいどのようにしてゲルの中《なか》を暖《あたた》めているのでしょうか？　答《こた》えは、かんそうした牛《ぎゅう》フン（モンゴル語《ご》でアルガルといいます）、つまり、かわいたウシのウンチを燃《も》やして暖《あたた》め

るというわけです。牛《ぎゅう》フンは、火《ひ》が強《つよ》く、しかも早《はや》く燃《も》えるので、調理《ちょうり》のときのガスのような役割《やくわり》も果《は》たします。牛《ぎゅう》フンのおかげで、ゲルの中《なか》は暖《あたた》かくなるし、温《あたた》かい料理《りょうり》も作《つく》れますから、寒《さむ》い冬《ふゆ》には、大活《だいかつ》やくです。

　モンゴルでは、牛《ぎゅう》フンは、決《けっ》してゴミではありません。モンゴル人《じん》は、牛《ぎゅう》フンを大事《だいじ》に取《と》っておきます。夕方《ゆうがた》、放牧《ほうぼく》から帰《かえ》ってきたウシたちは、次《つぎ》の日《ひ》の正午《しょうご》まで、人間《にんげん》が用意《ようい》した小屋《こや》（モンゴル語《ご》でヘヴテルといいます）で過《す》ごします。その間《あいだ》に、ウシたちは、たくさんのフンを落《お》とします。とても寒《さむ》い冬《ふゆ》には、牛《ぎゅう》フンは、いっしゅんで固《かた》まり、石《いし》のようにカチカチになります。このカチカチの牛《ぎゅう》フンを、毎朝《まいあさ》、くま手《で》（モンゴル語でサワル）と、ヤナギで作《つく》ったかご（モンゴル語でアラグ）を使《つか》って集《あつ》めます。そして、ゲルから少《すこ》しはなれたところに、山《やま》のように積《つ》み重《かさ》ねておくのです。

牛《ぎゅう》フンが大切《たいせつ》な理由《りゆう》は、まだあります。牛《ぎゅう》フンは、ゲルの外《そと》に建《た》てた家畜小屋《かちくごや》などの、かべのすき間《ま》をうめるために、セメントがわりに使《つか》われます。また、ボールがわりに、子《こ》どもたちの冬《ふゆ》の遊《あそ》び道具《どうぐ》にも早変《はやが》わりします。牛《ぎゅう》フンが、いろいろな働《はたら》きをしているなんてびっくりですね。

動《どう》物《ぶつ》のなぜなぜ話《ばなし》

なぜラクダは灰《はい》の上《うえ》でころがるの

むかしむかし、モンゴルの暦《こよみ》の＊十二支《じゅうにし》に、動物《どうぶつ》たちの名前《なまえ》をつけることになりました。そのとき、十一《じゅういち》の動物《どうぶつ》の名前《なまえ》は、すんなり決《き》まりましたが、一番最後《いちばんさいご》になって、十二支《じゅうにし》の最初《さいしょ》の年《とし》に、ラクダとネズミが、自分《じぶん》の名前《なまえ》をつけ、ぜひ十二支《じゅうにし》に入《い》れてもらおうと、その座《ざ》を奪《うば》い合《あ》いました。

神《かみ》さまは、そのどちらの気分《きぶん》も害《がい》さないよう、

「自分《じぶん》たちで決《き》めなさい」

といいました。

二匹《にひき》は、のぼる太陽《たいよう》の光《ひかり》を、次《つぎ》の日《ひ》の朝《あさ》、どちらか先《さき》に見《み》た方《ほう》が、十二支《じゅうにし》の最初《さいしょ》に

＊十二支《じゅうにし》…もともとモンゴルにいないトラやサルが登場《とうじょう》することから、中国《ちゅうごく》から入《はい》ってきたものと思《おも》われます。モンゴルのお話《はなし》にラクダが登場《とうじょう》するのは、ラクダが古《ふる》くからモンゴル人《じん》の生活《せいかつ》に重要《じゅうよう》な役割《やくわり》を果《は》たしてきた証拠《しょうこ》ともいえます。

入《はい》ることと決《き》め、かけをしました。

ラクダは、太陽《たいよう》がのぼる東《ひがし》の方《ほう》を見《み》て、立《た》ったまま日《ひ》の出《で》を待《ま》っていました。一方《いっぽう》、ネズミは、ラクダのこぶの上《うえ》にのぼり、西《にし》の方《ほう》を見《み》て、絶《た》えず山《やま》の頂上《ちょうじょう》を見《み》つめていました。

そうしているうちに、日《ひ》の出《で》の時刻《じこく》となり、東《ひがし》にのぼる太陽《たいよう》の最初《さいしょ》の光《ひかり》が、まず西《にし》の山《やま》の頂上《ちょうじょう》を照《て》らしたのです。

ネズミは、

「日《ひ》の出《で》だ！」

と叫《さけ》んで、まず最初《さいしょ》に太陽《たいよう》の光《ひかり》を見《み》たのでした。このとき、ラクダは、東《ひがし》の方《ほう》を見《み》ていましたが、山《やま》のふもとにいたので、太陽《たいよう》がのぼるのがまだ見《み》えなかったのです。

ラクダは、かけに負《ま》けたことにおこって、ネズミを踏《ふ》み殺《ころ》そうとおそいかかりましたが、ネズミは、山《やま》になった灰《はい》の中《なか》にかくれて命《いのち》びろいしたそうです。

それ以来《いらい》、ラクダは、灰《はい》がすててある場所《ばしょ》を見《み》るたびに、例《れい》の宿敵《しゅくてき》、ネズミをぺちていわれているのだそうです。

こうして、ネズミは、十二支《じゅうにし》に入り、ラクダは、はずされることになったそうです。

結局《けっきょく》、ラクダは、十二支《じゅうにし》に入《はい》りませんでしたが、そのかわり、十二支《じゅうにし》に入《はい》ったすべての動物《どうぶつ》の特徴《とくちょう》を、全部身《ぜんぶみ》につけているのだそうです。その特徴《とくちょう》とは、

ネズミのような耳《みみ》

ウシのようなおなか

トラのような足《あし》の裏《うら》

ウサギのような鼻《はな》

タツのような体《からだ》

ヘビのような目《め》

ウマのようなたてがみ

ヒツジのような毛《け》

サルのようなこぶ
ニワトリのようなとさか
イヌのようなふともも
イノシシのようなしっぽ
など、すべてもっているといわれています。

〈訳者《やくしゃ》のひとこと〉
ラクダが、土《つち》や草《くさ》の上《うえ》ではなく、灰《はい》の上《うえ》でころがる習性《しゅうせい》があることを、このお話《はなし》で初《はじ》めて知《し》りました。

なぜラクダには角《つの》がないの

むかしむかし、ラクダは、現在《げんざい》のシカのように、十二本《じゅうにほん》の枝分《えだわ》かれした角《つの》をもち、ふさふさした長《なが》くて美《うつく》しいしっぽも、もっていたそうです。

一方《いっぽう》、その当時《とうじ》、シカには角《つの》がなく、はげ頭《あたま》で、またウマは、しっぽがほとんどないくらい短《みじか》かったそうです。

そのため、ラクダは、自分《じぶん》が立派《りっぱ》な美《うつく》しい角《つの》をもっていることがたいそう自慢《じまん》で、いつも角《つの》を見《み》せびらかしていました。

ある日《ひ》、ラクダは、水《みず》を飲《の》みに湖《みずうみ》のほとりにやってきましたが、水《みず》を飲《の》むよりも、むしろ水《みず》に映《うつ》った自分《じぶん》の姿《すがた》を目《め》にし、その威厳《いげん》ある立派《りっぱ》な外見《がいけん》をたいそう誇《ほこ》らしげにながめ、立《た》ち止《ど》まるのでした。

すると、そのとき、森《もり》からシカがやってきて、頭《あたま》をかがめ少《すこ》しおじぎして、悲《かな》しそうに言《い》いました。

「今晩《こんばん》、私《わたし》は、森《もり》の動物《どうぶつ》たちの集《あつ》まりに客《きゃく》として訪《おとず》れることになっています。こんなみっともないつるつる頭《あたま》で、どうやって行《い》くというのでしょう。せめて少《すこ》しの間《あいだ》でも、あなたのようなそんな美《うつく》しい角《つの》をつけて出《で》かけてみたいものです。ラクダさん、どうか私《わたし》をあわれに思《おも》って、今日《きょう》だけ私《わたし》に角《つの》を貸《か》してくださいな。明《あ》日《す》、あなたが水《みず》を飲《の》みに、ここにやってきたとき、私《わたし》は角《つの》をもってきて、あなたに返《かえ》しますから」

と、シカはお願《ねが》いしました。

ラクダがシカを見《み》ると、本当《ほんとう》にかわいそうなほど、みっともなく見《み》えたので、自分《じぶん》の角《つの》をはずしてシカにわたし、次《つぎ》のようにいいました。

「私《わたし》が水《みず》を飲《の》みにきたとき、必《かなら》ずもってきて返《かえ》してくださいね」

威厳《いげん》ある立派《りっぱ》な飾《かざ》りとなった角《つの》を手《て》に入《い》れたシカは、森《もり》へもどって行《い》きました。

途中《とちゅう》、シカはウマと出会《であ》ったときに、誰《だれ》に角《つの》をもらったのか、ウマに教《おし》えてあげました。

ウマもまた、シカのように何《なに》か一《ひと》つすばらしいものを手《て》に入《い》れようとして、ラクダのところに行《い》き、しっぽを貸《か》してくれるようお願《ねが》いしました。

心《こころ》のきれいなラクダは、またもウマの言《い》うことを信《しん》じて、今度《こんど》はしっぽを取《と》りかえてしまいました。

それ以来《いらい》、何日《なんにち》も過《す》ぎて、ずいぶん時間《じかん》がたちましたが、かわいそうにラクダは、自分《じぶん》の角《つの》としっぽの、そのどちらも取《と》り返《かえ》すことができなかったそうです。

ラクダは、貸《か》しがある動物《どうぶつ》たちに会《あ》って、角《つの》としっぽを返《かえ》してくれると約束《やくそく》したことを思《おも》い出《だ》させると、彼《かれ》らはあざけり笑《わら》い、シカもまた、

「*野生《やせい》の雄《おす》ヤギの角《つの》が天《てん》にとどいたら、ラクダのしっぽが地《ち》についたら、返《かえ》すよ」

と、つけ加《くわ》えていうありさまでした。

そのときから今日《こんにち》まで、ラクダは水《みず》を飲《の》むときはいつも、水《みず》に映《うつ》ったはげた自分《じぶん》の姿《すがた》を目《め》にし、いやになって、頭《あたま》を横《よこ》にふるようになったそうです。

水《みず》を少《すこ》し飲《の》んでは、ラクダは、あちこちの山《やま》の頂《ちょうじょう》上をながめ、しばしばあごを上《あ》げ、首《くび》をそらして立《た》ち止《ど》まるのは、水辺《みずべ》に角《つの》をもってきて返《かえ》すと約束《やくそく》したシカのことばを思《おも》い出《だ》して、

「シカは、私《わたし》の角《つの》をもってくるだろうか」

と心待《こころま》ちにし、ながめているからだそうです。

また、シカの角《つの》が、毎年一度《まいとしいちど》抜《ぬ》け落《お》ちるのは、その角《つの》がもともとシカにさずかったものではなく、ラクダからだまし取《と》ったものだからだそうです。

＊野生《やせい》の雄《おす》ヤギの角《つの》が天《てん》にとどいたら、ラクダのしっぽが地《ち》についたら…モンゴル語《ご》の決《き》まり文句《もんく》で、〝まったく実現不可《じつげんふか》能《のう》なこと、絶対《ぜったい》にありえないこと〟をたとえて、こういいます。

〈訳者《やくしゃ》のひとこと〉
もしラクダに角《つの》があったら、どれほど威厳《いげん》があり、立派《りっぱ》に見《み》えたことでしょう。

なぜタルバガは四本指《よんほんゆび》になったの

むかしむかし、一人息子《ひとりむすこ》をもつ王《おう》さまが、自分《じぶん》の息子《むすこ》を人《ひと》にかくして、まったく見《み》せることはありませんでした。

ところが、王《おう》さまは、その地方《ちほう》の、自分《じぶん》の仕《つか》えの者《もの》の子《こ》どもたちを順番《じゅんばん》に呼《よ》んでこさせ、息子《むすこ》の世話《せわ》をさせましたが、誰一人《だれひとり》、家《いえ》にもどってくることはありませんでした。

この不思議《ふしぎ》な出来事《できごと》を人々《ひとびと》は耳《みみ》にし、みんなひどくおどろきました。

さて、その地方《ちほう》には、一人娘《ひとりむすめ》をもつおばあさんがいたそうです。ところが、そのおばあさんの娘《むすめ》が、今度《こんど》は、王《おう》さまの息子《むすこ》のめんどうを見《み》る番《ばん》になりました。

おばあさんは、娘《むすめ》を王《おう》さまのところに送《おく》りとどけるとき、

「王《おう》さまの息子《むすこ》のめんどうを見《み》ているときに、食《た》べなさい」

といって、自分《じぶん》の母乳《ぼにゅう》でつくった*1アーロールをわたしました。

娘《むすめ》は、日夜《にちや》、王《おう》さまの息子《むすこ》の世話《せわ》をし、ひどくおびえていましたが、おなかがすいてたまらないので、母親《ははおや》のくれたアーロールを食《た》べたそうです。

すると、王《おう》さまの息子《むすこ》は、しばらく見《み》ていて、

「君《きみ》は何《なに》を食《た》べているのか。僕《ぼく》におくれ」

といったので、娘《むすめ》は、その子《こ》にアーロールを一《ひと》つあげました。

王《おう》さまの息子《むすこ》は、アーロールを食《た》べてみてから、

「こんなにおいしいものは、どこにあるのか。僕《ぼく》にもってきておくれ」

といったそうです。

娘《むすめ》は、

「うちのお母《かあ》さんがつくったの」

というと、王《おう》さまの息子《むすこ》は、

*1 アーロール…モンゴル語《ご》で、〝アーロ〜ール〟(aaruul) といいます。乾燥《かんそう》させて固《かた》めた乳《ちち》のことで、モンゴルでは最《もっと》もよく親《した》しまれる乳製品《にゅうせいひん》の一《ひと》つです。非常《ひじょう》にかたくて長期《ちょうき》の保存《ほぞん》に適《てき》しています。

「君《きみ》は、ぜひ僕《ぼく》にもってきておくれ。でも、僕《ぼく》のことは、決《けっ》して誰《だれ》にもいわないで。もしどうしてもいいたくなったら、*2タルバガのあなに向《む》かって、さけびなさい」

といって、お願《ねが》いしたそうです。

こうして、娘《むすめ》は、家《いえ》に帰《かえ》りました。地元《じもと》の人《ひと》たちは、娘《むすめ》が無事《ぶじ》もどってきたことにひどくおどろき、いろいろたずねましたが、人々《ひとびと》は、何《なに》も聞《き》きだすことはできませんでした。

とはいえ、娘《むすめ》は、まだ子《こ》どもなので、どうしてもいいたくなって、誰《だれ》もいない草原《そうげん》に行《い》き、タルバガのあなに向《む》かって、

「王《おう》さまの息子《むすこ》は、とてもみにくい。ウシのような角《つの》やイノシシのようなきばをもっている！」

とさけんだのです。

ところが、通《とお》りがかりの人《ひと》たちが、そのことを耳《みみ》にしてしまい、うわさが広《ひろ》がりました。

*2 タルバガ…モンゴル語《ご》で、〝タルワガ〟(tarwaga)といいます。同《おな》じ仲間《なかま》のプレーリードッグより、ひとまわり大《おお》きく、リス科《か》の動物《どうぶつ》で体長《たいちょう》は50センチ、毛色《けいろ》は黄色《きいろ》や褐色《かっしょく》です。「草原《そうげん》のマーモット」とも呼《よ》ばれ、巣《す》あなで生活《せいかつ》します。

それ以来《いらい》、王《おう》さまに仕《つか》える者《もの》たちは、自分《じぶん》の子《こ》どもを、王《おう》さまの息子《むすこ》の世話《せわ》に行《い》かせるのをやめました。

王《おう》さまはおこって、そのことばを誰《だれ》が話《はな》したのかとさぐってみると、結局《けっきょく》は、「草《そう》原《げん》のマーモット」のタルバガがいったことになりました。

そこで、王《おう》さまは、タルバガを生《い》きたまま連《つ》れてこさせ、五本指《ごほんゆび》のうちの一本《いっぽん》を、すぱっと切《き》り落《お》とさせました。

こうして、それ以来《いらい》、タルバガは、四本指《よんほんゆび》になったということです。

〈訳者《やくしゃ》のひとこと〉

タルバガは、娘《むすめ》の身代《みが》わりに指《ゆび》を失《うしな》ったのですが、そもそも誰《だれ》が、一番悪《いちばんわる》かったのでしょう。

なぜウシのじん臓《ぞう》はブドウのふさのような形《かたち》をしているの

むかしむかし、神《かみ》さまは、たくさんの生《い》き物《もの》にじん臓《ぞう》を分《わ》けあたえました。

ウシは、歩《ある》くのがおそく、一歩一歩《いっぽいっぽ》のろのろと歩《ある》きながら、一番最後《いちばんさいご》にやってきました。

ところが、すでにあたえるじん臓《ぞう》は、なくなっていました。先《さき》にやってきた生《い》き物《もの》たちが、じん臓《ぞう》のいいのを選《えら》んで、あとは、けずり落《お》とされた小《ち》さ《い》な切《き》りくずのかたまりだけが、残《のこ》っていました。

そこで、神《かみ》さまは、ウシに、

「おまえは、すでに一番最後《いちばんさいご》にやってきた以上《いじょう》、この切《き》りくずを全部《ぜんぶ》もっていきなさい」

といって、すべてをかき集《あつ》めて、ウシにわたしたそうです。

そのため、*ウシのじん臓《ぞう》は、さまざまな切《き》りくずの合《あ》わさった、ブドウのふさのような形《かたち》をした、とても大《おお》きなものになったということです。

*ウシのじん臓《ぞう》…人間《にんげん》、ブタ、イヌなど数多《かずおお》くの哺乳類《ほにゅうるい》のじん臓《ぞう》は、すべて表面《ひょうめん》はなめらかで、ソラマメのような形《かたち》をしていますが、ウシのじん臓《ぞう》だけは、独特《どくとく》で、表面《ひょうめん》にいくつもの切《き》れこみがあり、ブドウのふさのような形《かたち》をしています。

〈訳者《やくしゃ》のひとこと〉

ウシのじん臓《ぞう》だけが、変《か》わった形《かたち》をしていることを、このお話《はなし》で初《はじ》めて知《し》りました。

なぜトラの皮《かわ》はしま模様《もよう》になったの

むかしむかし、年老《としお》いたトラは、わが子《こ》を呼《よ》んで、

「なあおまえよ、自分《じぶん》の力《ちから》を信《しん》じて、人間《にんげん》という生《い》き物《もの》だけには近《ちか》づくな！」

といい残《のこ》して、息《いき》を引《ひ》き取《と》ったのでした。

しかし、その若《わか》いトラは、

「さて、人間《にんげん》というのは、どんな生《い》き物《もの》なので、近《ちか》づいてはいけないのだろうか。ひとつ力《ちから》くらべをしてみたいものだ」

と思《おも》って、人間《にんげん》をさがしに行《い》きました。

すると、ある雄《おす》ウシと出会《であ》いました。

「おまえが人間《にんげん》という生《い》き物《もの》か」

とトラがたずねると、

「おれは人間《にんげん》じゃない、雄《おす》ウシだ」

と答《こた》えました。

「それじゃ、おまえは、人間《にんげん》という生《い》き物《もの》を知《し》っているのか」

「知《し》っているどころか、おれは、人間《にんげん》のどれいなんだよ。おれの鼻《はな》に通《とお》した鼻輪《はなわ》を見《み》なさい。人間《にんげん》は、こうやっておれに鼻輪《はなわ》をつけて、手《て》で引《ひ》いたり、荷車《にぐるま》につないで行《い》ったりするんだ」

「それじゃ、きっと力《ちから》の強《つよ》い生《い》き物《もの》だろうね」

とトラがたずねると、雄《おす》ウシはいいました。

「そうじゃないよ。おれが頭《あたま》をふると、人間《にんげん》は、おれの角《つの》にまとわりついて、どたば

た大《おお》さわぎするんだよ」

「それじゃ、何《なん》て不思議《ふしぎ》なんだ。このどでかい角《つの》をもつ、ぶ厚《あつ》い胸《むね》をした、体《からだ》の大《おお》きな生《い》き物《もの》を、どうやってこき使《つか》うことができるんだろうか」

と考《かんが》えながら、先《さき》へ進《すす》みました。

すると、今度《こんど》は、ある雄《おす》ラクダと出会《であ》いました。

「では、おまえが人間《にんげん》という生《い》き物《もの》か」

とトラがたずねると、

「おれは人間《にんげん》じゃない、雄《おす》ラクダだ。あなたは、人間《にんげん》に何《なん》の用《よう》だい」

と逆《ぎゃく》にたずねました。

「おれは、人間《にんげん》と力《ちから》くらべをしたいんだ」

「ああトラさんよ、人間《にんげん》というのは、この世《よ》で、一番力《いちばんちから》の強《つよ》い生《い》き物《もの》だよ。むだだろうね」

「それじゃ、ものすごく大《おお》きな生《い》き物《もの》なのかい」

「いいや、小《ちい》さな生《い》き物《もの》だ。おれは、その人間《にんげん》を自分《じぶん》の上《うえ》にのせるために、ひざまずいてあげるんだよ」

「何《なん》だって。おまえは、その人間《にんげん》というものの、またもどれいなのか」

「もちろんそうだ。おれの鼻《はな》に通《とお》した鼻木《はなぎ》を見《み》なさい。人間《にんげん》は、おれのことを、鼻木《はなぎ》につないだ手綱《たづな》でさばいて、のりこなすんだ」

「いや、本当《ほんとう》に不思議《ふしぎ》だな」

と、トラが思《おも》わず声《こえ》を出《だ》しておどろくと、雄《おす》ラクダは、

「人間《にんげん》の力《ちから》は、まさにその知恵《ちえ》にあるんだ。そんな知恵《ちえ》をもつ生《い》き物《もの》は、まれだろ」

といいました。

すると、トラは、

「人間《にんげん》というものは、力《ちから》がなくて、体《からだ》が小《ちい》さいことを思《おも》えば、どうもおそろしい生《い》き物《もの》ではないようだ。〝知恵《ちえ》〟というのは、いったい何《なん》だろうか。人間《にんげん》から、その〝知恵《ちえ》〟をうばい取《と》りたいものだ」

と考《かんが》えながら、先《さき》へ進《すす》みました。

トラは、森《もり》の中《なか》をなすすべを失《うしな》い、ただ、さまよいながら、きこりのある男《おとこ》のところに行《い》きました。

「人間《にんげん》という生《い》き物《もの》は、どこにいるんだ」

とトラがたずねると、きこりは、

「私《わたし》のことだが、何《なん》の用《よう》だい」

と、本当《ほんとう》はひどくおびえていましたが、えらそうにたずねました。

「何《なん》だって！　人間《にんげん》というのは、たったこれだけの大きさなのか」

と、トラは思《おも》わず声《こえ》を出《だ》し、（毛皮《けがわ》すらもっていない、無能《むのう》な生《い》き物《もの》だね。おれは、

一度《いちど》たたくだけで、人間《にんげん》をあの世《よ》におくれるぞ）と思《おも》って、

「おまえには、人《ひと》に見《み》せびらかすような力《ちから》があるのかい」

と、ひどくばかにしました。

きこりは、

「トラさんよ、もちろんあります。私《わたし》の力《ちから》は、まさにその知恵《ちえ》にあるんですよ」

といったところ、トラは、その〝知恵《ちえ》〟をうばい取《と》ろうと思《おも》って、やってきたので、

「どれどれ、おまえは、その〝知恵《ちえ》〟とやらを、おれに見《み》せろ！」

といいました。

すると、きこりは、

「トラさんよ、私《わたし》は、あなたがここで知恵《ちえ》を見《み》るものとは、まったく思《おも》ってもいなかったよ。実《じつ》は、家《いえ》に置《お》いてきてしまったんだよ」

と答《こた》えました。

トラは、

「ああそれじゃ、今《いま》から行《い》って、見《み》てみよう」

といって、うなり声《ごえ》をあげながら歩《ある》くと、

「トラさんよ、あなたは、私《わたし》についてきて、私《わたし》の家《いえ》に近《ちか》づいてはいけません。うちの番犬《ばんけん》たちが、あなたを見《み》たらすぐに走《はし》ってきて、あなたは、危険《きけん》な目《め》にあうかもしれません。ここで待《ま》っていた方《ほう》がいい」

と、きこりはいいました。

トラはそこに残《のこ》ることにし、きこりは何歩《なんぽ》か歩《ある》きましたが、ためらって立《た》ち止《ど》まり、

「実《じつ》は、私《わたし》はこわいんです」

と、トラにいいました。

「何がこわいのか」

「あなたが、私《わたし》を後《うし》ろからつかまえてしまうのではないかと思《おも》って、こわいんです」

と、きこりがいったところ、トラは、心《こころ》の中《なか》で（人間《にんげん》というのは、こんなにおく病《びょう》なのに、どうして力《ちから》が強《つよ》いというのか）と思《おも》って、

「じゃそれなら、おれをこの木《き》につないでいけ」

といいました。

きこりは、トラを、自分《じぶん》の着《き》ていた*デールの帯《おび》で、木《き》といっしょに、しっかりしばりつけ、

「さあトラさんよ、私《わたし》は行《い》って、かしこい〝知恵《ちえ》〟をもってきましょう。あなたは、しばらく待《ま》っていてください」

といって、行《い》きました。

まもなくして、きこりは、木《き》のかわいた枝《えだ》をだきかかえながら、もってきて、トラのそばに山積《やまづ》みにし、

*デール…モンゴル語《ご》で、〝デール〟(deel) といい、モンゴルの民族衣装《みんぞくいしょう》のことです。性別《せいべつ》や部族《ぶぞく》、あるいは季節《きせつ》などによって、さまざまな種類《しゅるい》があります（90ページの絵《え》）。

「さあ、私《わたし》は、〝知恵《ちえ》〟をもってきました。あなたは、見《み》てごらん」

といって、火打《ひう》ち金《がね》と火打《ひう》ち石《いし》をうちあわせて、山積《やまづ》みにした木《き》に火《ひ》をつけて、行《い》ってしまいました。

トラは、あちこちから燃《も》えはじめると、肝《きも》がつぶれる思《おも》いで、こわくなってあわてたのです。

ところが、ちょうど幸《さいわ》いにも、しばった帯《おび》が燃《も》えてゆるみ、トラは、あわてふためいて火《ひ》の中《なか》からとび出《だ》し、命《いのち》からがら逃《に》げていったそうです。

こうして、トラは、人間《にんげん》のかしこい〝知恵《ちえ》〟を見《み》ようとして、毛《け》をこがされ黄色《きいろ》くされたうえに、ところどころあちこち燃《も》えて、黒《くろ》いしま模様《もよう》になったということです。

モンゴルの民族衣装《みんぞくいしょう》、デール

〈訳者《やくしゃ》のひとこと〉

トラのシンボルである、黄色《きいろ》に黒《くろ》いしま模様《もよう》には、ひどく悲《かな》しい過去《かこ》があったのですね。

なぜネコはフンを土《つち》の中《なか》にかくすようになったの

むかしむかし、あるおぼうさんが、毎日《まいにち》めい想《そう》にふけっていました。彼《かれ》のそばには、いつも一匹《いっぴき》のネコがいたそうです。

ある日《ひ》、そのネコは、おぼうさんの大切《たいせつ》にしている、*かぎタバコ入《い》れをぬすんでしまいました。おぼうさんは、ネコを追《お》いかけていって、かぎタバコ入《い》れを取《と》りもどしました。

ネコは、またある日《ひ》、今度《こんど》は、おぼうさんの一番大切《いちばんたいせつ》なじゅずを取《と》って、こっそりあなの中《なか》に入《はい》ってかくれました。

そして、ついにおこったおぼうさんにあなから引《ひ》っぱり出《だ》され、しっぽを切《き》られて逃《に》げ出《だ》したネコは、たくさんのネズミのいるところに行《い》って、一《ひと》つの住《す》みかをつくり、おぼうさんのじゅずを首《くび》にかけて、すわっていました。

ある日《ひ》、たくさんのネズミがやってきましたが、ネコには近《ちか》づこうとせず、ただ遠《とお》まきにして、ながめているだけでした。

すると、ネコは、ネズミたちにいいました。

「君《きみ》たちは、私《わたし》のことをこわがらないで。私《わたし》は、ネコのおぼうさんなんだよ。これまで生《い》き物《もの》なんか殺《ころ》したことがないので、さあおいで、こちらへおいで。君《きみ》たちに神《しん》聖《せい》なお経《きょう》を教《おし》えてあげるから」

こうして、ネズミたちは、ネコに近《ちか》づいて、お経《きょう》を教《おそ》わるようになったそうです。

それから何日《なんにち》もたってから、ネズミたちの王《おう》さまのフチン・トストがいいました。

「うーん、あのネコのおぼうさんは、どうも私《わたし》たちの仲間《なかま》を食《た》べているようだな。ネコのフンに、骨《ほね》や毛《け》がまじっているんだ。おまえたちは、人《ひと》の家《いえ》のあと地《ち》から、すずを一個《いっこ》見《み》つけてきなさい」

そして、何匹《なんびき》かのネズミを行《い》かせ、人《ひと》の家《いえ》のあと地《ち》から、すずを一個《いっこ》見《み》つけてきて、

「おぼうさんに、すずをかざりとして、差《さ》し上《あ》げましょう」

といって、ネコの首《くび》にすずをつけてあげました。

次《つぎ》の日《ひ》、フチン・トスト王《おう》は、みんなにいいました。

「今日《きょう》は、お経《きょう》を教《おそ》わってから、順番《じゅんばん》にならんで、外《そと》に出《で》なさい。もしすずが鳴《な》ったら、みんなもどって、中《なか》に入《はい》るのですよ」

さて、お経《きょう》を教《おそ》わってから、順番《じゅんばん》にならんで、外《そと》に出《で》ていくと、いきなりすずが鳴《な》りました。みんなで急《いそ》いで、もどって中《なか》に入《はい》ると、なんとネコのおぼうさんが、一匹《いっぴき》のネズミをつかまえて食《た》べているではありませんか。

フチン・トスト王《おう》は、

「このインチキぼうずめ！　オオカミのようなネコぼうずのうそのことばを信《しん》じたために、かわいそうに仲間《なかま》たちは少《すく》なくなり、私《わたし》たちは、ひどい目《め》にあった」

といって、よその土地《とち》へ引《ひ》っこしてしまいました。

ネコは、心《こころ》の中《なか》で、

「もし私《わたし》がフンをかくしていたなら、こんなことにはならなかったのに」

とひどく後悔《こうかい》し、それ以来《いらい》、ネコは、フンを土《つち》の中《なか》にうめて、かくすようになったということです。

＊かぎタバコ入《い》れ…モンゴル語《ご》で、〝フールグ〟(khöörög) といいます。モンゴル人男性《じんだんせい》の多《おお》くは、日常《にちじょう》、かぎタバコ入《い》れを持《も》ち歩《ある》き、人《ひと》とあいさつを交《か》わすとき、お互《たが》いにタバコ入《い》れを交換《こうかん》して、かぎ合《あ》う習慣《しゅうかん》があります。素材《そざい》は、銀《ぎん》やメノウなどさまざまで、モンゴル成人男性《せいじんだんせい》の必需品《ひつじゅひん》として重宝《ちょうほう》され、先祖代々《せんぞだいだい》受けつがれていく場合《ばあい》が多《おお》いようです。

〈訳者《やくしゃ》のひとこと〉

ネコも、ずいぶん苦《にが》い経験《けいけん》を通《とお》して、今《いま》の習慣《しゅうかん》を身《み》につけたようですね。

なぜイヌはしげみでオシッコをするようになったの

むかしむかし、この世《よ》に雪《ゆき》というものは降《ふ》っていませんでした。当時《とうじ》、雪《ゆき》のかわりに、小麦粉《こむぎこ》が、空《そら》から降《ふ》っていたそうです。

するとある家《いえ》のしゅうとが、

「天気《てんき》はどうだい」

とたずねると、いつも余計《よけい》なことをしゃべる、その家《いえ》のよめが、

「〝灰《はい》〟のようなものが舞《ま》っているわ」

と、つい失礼《しつれい》なことをいってしまいました。

そのことばを、世界《せかい》を見回《みまわ》っていた天《てん》の神《かみ》が耳《みみ》にし、

「吹雪《ふぶき》になあれ！」

と、激《げき》どして、命令《めいれい》をくだしました。

　そのため、雪《ゆき》の＊ゾドとなり、家畜《かちく》や生《い》き物《もの》は、死《し》んでしまい、その家《いえ》では、たった一匹《いっぴき》の黒《くろ》いイヌだけが、家族《かぞく》とともに生《い》き残《のこ》ったそうです。

「余計《よけい》なことをしゃべる、あの家《いえ》のよめの、とんでもないことばのせいだ」

と人々《ひとびと》は知《し》り、

「天《てん》の怒《いか》りをしずめ、食《た》べ物《もの》をお願《ねが》いしてこい」

といって、その女《おんな》を、天《てん》の神《かみ》のところに行《い》かせました。

そして、女《おんな》は、天《てん》の神《かみ》のところに行《い》き、

「食《た》べ物《もの》と飲《の》み物《もの》を私《わたし》たちにください」

とお願《ねが》いし、手《て》を合《あ》わせたそうです。

天《てん》の神《かみ》は、

「おまえたちの食《た》べ物《もの》は、母《はは》なる大地《だいち》にあるんだ。穀物《こくもつ》を植《う》えて、暮《く》らしていけ。穀物《こくもつ》をイヌにあたえ、おまえたち人間《にんげん》は、食《た》べ残《のこ》しを食《た》べろ」

と命令《めいれい》をくだして、女《おんな》をかえしました。

女《おんな》は、天《てん》の神《かみ》の命令《めいれい》を忘《わす》れないように、口《くち》の中《なか》でつぶやきながら走《はし》っていったところ、しげみにつまずいて、あわてて転《ころ》んでしまいました。

「えーと、天《てん》の神《かみ》は、自分《じぶん》たちに穀物《こくもつ》を食《た》べろとおっしゃ

＊ゾド…モンゴル語《ご》で、冬《ふゆ》の雪害《せつがい》のことを、〝ゾド〟(zud)といいます。ゾドにより、寒《さむ》さと飢《う》えて、数百万頭《すうひゃくまんとう》もの家畜《かちく》が死亡《しぼう》することもあり、現在《げんざい》でも、モンゴル経済《けいざい》に大《おお》きな打撃《だげき》を与《あた》えています。

ったっけ、それとも食《た》べ残《のこ》しを食《た》べろとおっしゃったっけ」

女《おんな》は、そのことが思《おも》い出《だ》せなくて、人々《ひとびと》に伝《つた》えるときに、

「天《てん》の神《かみ》は、自分《じぶん》たちに穀物《こくもつ》を食《た》べて、食《た》べ残《のこ》しをイヌにあたえろとおっしゃっています」

といって、もどってきました。

そのため、それ以来《いらい》、人間《にんげん》は穀物《こくもつ》を食《た》べ、イヌはその食《た》べ残《のこ》しを食《た》べるようになったということです。

イヌは、しげみのせいで、自分《じぶん》が食《た》べ残《のこ》しを食《た》べるはめになったということを知《し》り、しげみをうらみ、しげみが見《み》えると、そこに行《い》っては、オシッコをするようになったということです。

〈訳者《やくしゃ》のひとこと〉
イヌの逆《さか》うらみのせいで、しげみも、たまったものではありませんね。

なぜイヌとネコとネズミはたがいに仲《なか》が悪《わる》いの

最初《さいしょ》、イヌとネコとネズミの三匹《さんびき》は、兄弟《きょうだい》のように仲《なか》よく暮《く》らしていました。

人間《にんげん》は、イヌが自分《じぶん》たちの財産《ざいさん》を見張《みは》り、ヒツジや家畜《かちく》を守《まも》ってくれているので、〝番犬《ばんけん》〟という称号《しょうごう》をほうびにあたえ、金文字入《きんもじい》りの証書《しょうしょ》をイヌにわたしました。

そのことをネコが知《し》って、ひどくうらやましがり、ネズミに、

「イヌの金文字入《きんもじい》りの証書《しょうしょ》を、今《いま》すぐ始末《しまつ》しなければならない。だって、おまえとおれは、人間《にんげん》に親《した》しく近《ちか》づいて、彼《かれ》らの食《た》べ物《もの》をぬすみ食《ぐ》いすることができなくなったんだぞ。だから、おまえは、その証書《しょうしょ》をこっそりぬすむ必要《ひつよう》がある」

と、いいつけました。

そこで、ネズミは、すぐさまイヌの金文字入《きんもじい》りの証書《しょうしょ》をぬすみ取《と》って、自分《じぶん》の子《こ》に

わたして、破《やぶ》らせました。

そして、ネコとネズミは、イヌのところに行《い》って、

「おまえは、なぜ人間《にんげん》とこんなに親《した》しくつき合《あ》うようになったのか。おまえに獣《けもの》の王《おう》さまは、そんな権利《けんり》をあたえてはいないだろ」

とたずねると、イヌは、

「私《わたし》には、そんな金文字入《きんもじい》りの権利証書《けんりしょうしょ》があるよ」

といって、証書《しょうしょ》を見《み》せようとしてさがしましたが、見《み》つかりませんでした。

そこで、イヌは、ネズミを疑《うたが》って、

「おまえがぬすんだんじゃないのか」

といって、とびかかると、ネズミは、びっくりしあわてて、

「僕《ぼく》はぬすんでいない。ネコの兄《にい》さんが取《と》れといったんだ」

と本当《ほんとう》のことをいってしまいました。

すると、イヌは、ネコを追《お》いかけ、ネコは、

「おまえをつかまえて食《た》べるぞ」

といって、ネズミを追《お》いかけました。

ネズミは、あわてふためいて、あなにもぐりこんでしまい、ネコは、木《き》にのぼり、イヌは、その下《した》でほえて、まとわりついたそうです。

こうして、イヌとネコとネズミの三匹《さんびき》は、今日《こんにち》まで、たがいにきらうようになったそうです。


〈訳者《やくしゃ》のひとこと〉

いつの世《よ》でも、どこでも、しっとによる三角関係《さんかくかんけい》は、存在《そんざい》するようですね。

なぜウサギの上《うわ》くちびるは裂《さ》けているの

むかしむかし、ウサギたちの一番年長者《いちばんねんちょうしゃ》が、他《ほか》のウサギたちを集《あつ》めて、次《つぎ》のようにいいいました。

「この世《よ》のすべての生《い》き物《もの》は、あらゆる動物《どうぶつ》たちをこわがらせるわざと、自分《じぶん》たちの命《いのち》を守《まも》る方法《ほうほう》を身《み》につけているものだ。だが、私《わたし》たちほど、かわいそうな動物《どうぶつ》は、この世《よ》にいない。木《こ》の葉《は》がさらさら音《おと》をたてただけで、口《くち》から心臓《しんぞう》が飛《と》び出《だ》し、気《き》を失《うしな》うほどこわがってしまう。私《わたし》たちがどんな生《い》き物《もの》よりも弱虫《よわむし》だなんて。最低《さいてい》の虫《むし》けらでさえ、私《わたし》たちのことをこわがっていないではないか。兄弟《きょうだい》たちよ、こんなにこわがって、苦《くる》しんで生《い》きていくよりも、いっそ井戸《いど》に落《お》ちて、みんなで死《し》んだ方《ほう》がましだ」

といって、他《ほか》のウサギたちを引《ひ》き連《つ》れて、悲《かな》しそうに歩《ある》いて行《い》きました。

すると、一羽《いちわ》のカササギと出会《であ》い、ひどくおどろいて、

「カシャカシャ、ウサギさんたち、どうしたの」

とたずねましたが、ウサギたちは、何《なに》も答《こた》えませんでした。

カササギは、もう一度《いちど》、

「カシャカシャ、あなたたちは、どうしてこんなに悲《かな》しそうにしているの。私《わたし》に話《はな》してよ」

と、しつこくたずねました。

例《れい》の年長者《ねんちょうしゃ》のウサギが、

「この世《よ》で、私《わたし》たちだけが、あらゆる動物《どうぶつ》をこわがっていくだけであって、逆《ぎゃく》に私《わたし》たちをこわがる動物《どうぶつ》なんて、一《ひと》つもいやしない。だから、こうして生《い》きていくよりも、井戸《いど》に落《お》ちて、みんなで死《し》のうと話《はな》し合《あ》って歩《ある》いているんだ」

と、本当《ほんとう》のことをいいました。

カササギは、いいました。

「あなたたちは、なんてばかなことを考《かんが》えているの」

「なにがばかなことか。現実《げんじつ》の生活《せいかつ》がこうなんだから」

「それじゃ、今《いま》からあなたたちは、それぞれ体《からだ》を丸《まる》めて、地面《じめん》にふしなさい。ほら、ヒツジ飼《か》いが、ヒツジたちに井戸《いど》の水《みず》を飲《の》ませようと、ヒツジを追《お》ってやってきている。ヒツジの群《む》れがそばにやってきたら、あなたたちは、四方八方《しほうはっぽう》に飛《と》びはねて、見《み》てごらん。そのときこそ、自分《じぶん》たちが正《ただ》しいかどうかわかりますよ」

といって、カササギは、飛《と》んで行《い》ってしまいました。

ウサギたちは、カササギのいった通《とお》りに、それぞれしげみの奥《おく》に体《からだ》を丸《まる》めてかくれ、ヒツジの群《む》れがそばにやってくるや、飛《と》びあがり、ぴょんぴょんはねて、ふり返《かえ》って見《み》ました。

すると、ヒツジたちは、いっせいにおどろき群《むら》がり、ヒツジ飼《か》いは、そのヒツジたちを引《ひ》き止《と》めようと、家畜追《かちくお》い用《よう》のむちをふり上《あ》げ、さけびながら走《はし》っているではありませんか。

　ウサギたちは、その場《ば》でおどろいて、しばらく立《た》ち止《ど》まり、

「このたくさんのヒツジを、主人《しゅじん》もろとも、おどろかせたよ。こんなおもしろいことも、あるんだなあ」

といって、後《うし》ろの二本足《にほんあし》でしゃがんで座《すわ》り、みんなげらげら大笑《おおわら》いしました。ずっと笑《わら》いに笑《わら》って、みんな笑《わら》いこけました。完全《かんぜん》に上《うわ》くちびるが裂《さ》けるまで大笑《おおわら》いしたそうです。

　こうして、ウサギは、それ以来《いらい》、上《うわ》くちびるが裂《さ》けてしまったということです。


〈訳者《やくしゃ》のひとこと〉

モンゴルでは、笑《わら》いすぎると、口《くち》が裂《さ》けるとよくいわれます。

なぜコウモリの鼻《はな》には大《おお》きなあながないの

むかしむかし、ガルーダ王《おう》[*1]が、まだ鳥《とり》の王《おう》さまになっていなかったときのことでした。鳥《とり》たちは、一番高《いちばんたか》く空《そら》を飛《と》びあがり、一瞬《いっしゅん》のうちに舞《ま》いおりることができた者《もの》を、王《おう》さまにしようと約束《やくそく》のかけをしました。

すると、コウモリは、おなかに石《いし》をだきかかえ、ガルーダの背中《せなか》の上《うえ》にのぼって座《すわ》ったそうです。

ガルーダは、そのことに気《き》づきもせず、また他《ほか》の鳥《とり》たちも、疑《うたが》いもせず、みんないっせいに空高《そらたか》く飛《と》びあがりました。

ガルーダは、あらゆる鳥《とり》たちよりも、高《たか》く飛《と》びあがり、

「私《わたし》より上《うえ》に鳥《とり》はいるかい」

＊1 ガルーダ…もともとは、インド神話《しんわ》に登場《とうじょう》する巨大《きょだい》な神《かみ》の鳥《とり》のことです。モンゴルには、チベット仏教《ぶっきょう》を通《つう》じてつたわったとされ、モンゴル語《ご》では、〝ハン・ガリド〟(khangarid) と呼《よ》ばれ、鳥《とり》の王《おう》さまとして登場《とうじょう》します。

とさけんだところ、コウモリは、

「私《わたし》がいるよ！　では、今《いま》から急降下《きゅうこうか》しよう」

といって、おなかに石《いし》をしっかりだきかかえながら、ガルーダの背中《せなか》から飛《と》びおりて、地上《ちじょう》に舞《ま》いおりました。

こうして、コウモリをあらゆる仕事《しごと》から解放《かいほう》し、特権《とっけん》をあたえ、鳥《とり》たちは、コウモリに巣《す》をつくってあげたそうです。そのため、鳥《とり》の巣《す》のことを、別名《べつめい》〝コウモリの巣《す》〟と呼《よ》ぶようになったとのことです。

その後《ご》、すぐにガルーダは、本当《ほんとう》の意味《いみ》で鳥《とり》の王《おう》さまになりましたが、長《なが》い年月《ねんげつ》が

たち、年老《としお》いたとき、

「あとつぎの子《こ》がほしい」

と思《おも》って、年《とし》の若《わか》い二番目《にばんめ》のおきさきをむかえました。

おなかがすいたとき、食事《しょくじ》はすべておいしい
年老《としお》いたとき、妻《つま》はすべて美《うつく》しい
というたとえのように、ガルーダ王《おう》は、この世《よ》で、またとない美《うつく》しい妻《つま》をめとったものと思《おも》い、若《わか》いおきさきをこよなく愛《あい》しました。ガルーダ王《おう》は、おきさきの口《くち》から発《はっ》することばすべてに、その通《とお》りしたがうようになりました。

そのうちに、おきさきは、出産《しゅっさん》して、一人《ひとり》の子《こ》をもうけました。

ガルーダ王《おう》は、

「さあ、何《なに》をしたらいいかな」

とたずねたところ、おきさきは、

「一人息子《ひとりむすこ》に、この世《よ》にないすばらしいゆりかごをつくってもらいたいの」

と答《こた》えました。

ガルーダ王《おう》は、

「ああ、それはたやすいことだ。

さんごや真珠《しんじゅ》でつくらせようか、

純金《じゅんきん》でつくらせようか、

純銀《じゅんぎん》でつくらせようか、

かたいビャクダンの木《き》でつくらせようか」

とたずねたところ、おきさきは、

「この世《よ》に、金《きん》や銀《ぎん》のゆりかごは、たくさんあるでしょ。あなたは、あらゆる鳥《とり》の王《おう》さまなので、鳥《とり》の何《なに》かあるものでつくらせれば、家系《かけい》のしきたりにふさわしいんじゃないの」

と答《こた》えました。

ガルーダ王《おう》は、

「それでは、いったい鳥《とり》のどんなものでつくらせようか。羽《はね》がいいか、胸《むね》がいいか。あるいは、骨《ほね》がいいか、皮《かわ》がいいか。何《なに》がいいか、あなたが決《き》めなさい」

といいました。

すると、おきさきはいいました。

「鳥《とり》のくちばしでつくらせれば、見《み》ばえがよくて、本当《ほんとう》にじょうぶなゆりかごになるわ」

こうして、ガルーダ王《おう》は、命令《めいれい》をくだし、四方八方《しほうはっぽう》に使《つか》いの者《もの》を送《おく》り、あらゆる鳥《とり》たちを呼《よ》んでこさせ、くちばしにあなを開《あ》け、鼻輪《はなわ》をつけ、糸《いと》を通《とお》しはじめました。

やってきた鳥《とり》たちを登録《とうろく》してみると、あらゆる鳥《とり》たちは、すべてやってきましたが、コウモリだけがいなかったそうです。

ガルーダ王《おう》は、いかりに燃《も》え、

「コウモリをすぐに連《つ》れてこい」

と、特別《とくべつ》に使《つか》いの者《もの》を送《おく》りました。

ガルーダ王《おう》の使《つか》いの者《もの》が到着《とうちゃく》して、王《おう》さまの命令《めいれい》をおつたえしたところ、コウモリは、

「私《わたし》は、この三日間《みっかかん》、三《みっ》つの大《おお》きな問題《もんだい》を考《かんが》えて、いそがしかったんだ。問題《もんだい》を考《かんが》え終《お》えてから、明日行《あすい》くとつたえてくれ」

といって、使《つか》いの者《もの》をかえしました。

コウモリは、その次《つぎ》の日《ひ》、

「三日間《みっかかん》ずっと、三《みっ》つの大《おお》きな問題《もんだい》を考《かんが》え続《つづ》け、やっとのことで解《と》いてきました」

といって、あわてふためいた様子《ようす》で、かさかさ音《おと》をたてながら、やってきました。

ガルーダ王《おう》は、

「さて、どんな三《みっ》つの問題《もんだい》を考《かんが》えたのか、急《いそ》いでいえ」

といいました。

コウモリは、

「一番目《いちばんめ》は、この世《よ》の昼《ひる》が多《おお》いのか、夜《よる》が多《おお》いのかということを考《かんが》えました」

といいました。

「それで、どちらが多《おお》いのだ」

「明《あ》け方《がた》と夕《ゆう》ぐれの暗《くら》がりに、さらに太陽《たいよう》の出《で》ないくもりの日《ひ》を足《た》すと、夜《よる》の方《ほう》がはるかに多《おお》いのです」

「なるほどそのようだな。二番目《にばんめ》は、どんな問題《もんだい》だ」

「世《よ》の中《なか》の鳥《とり》たちは、死《し》んだのが多《おお》いのか、生《い》きているのが多《おお》いのかということを考《かんが》えました。そしたら、眠《ねむ》っている鳥《とり》を死《し》んだものとみなせば、生《い》きているものよりも、死《し》んだものの方《ほう》がはるかに多《おお》いのです」

「なるほどそのようだな。で、三番目《さんばんめ》は、どんな問題《もんだい》だ」

「この世《よ》の鳥《とり》たちのオスが多《おお》いのか、メスが多《おお》いのかということを考《かんが》えてみました。メスのいいなりになったオスを、メス鳥《どり》とみなせば、メスの方《ほう》がはるかに多《おお》いのです」

と、コウモリは答《こた》えました。

ガルーダ王《おう》は、コウモリにまんまとしてやられたことに恥《は》ずかしくなって、くちばしにあなを開《あ》け、鼻輪《はなわ》をつけたすべての鳥《とり》たちを自由《じゆう》に放《はな》してあげました。

こうして、鳥《とり》は卵《たまご》をうむとき、ゆりかごを準備《じゅんび》しないで、巣《す》をつくるようになったということです。また、すべての鳥《とり》たちは、ガルーダ王《おう》に鼻輪《はなわ》をつけられたために、鳥《とり》のくちばしには、あながあるということです。

一方《いっぽう》、*2コウモリは、鼻輪《はなわ》をつけられなかったので、鼻《はな》には、大《おお》きなあなを開《あ》けられずにすんだということです。

*2 コウモリは、…鼻《はな》には、大《おお》きなあなを開《あ》けられずにすんだ…小型《こがた》の一部《いちぶ》のコウモリは、鼻《はな》に大《おお》きなあなはなく、キクの花《はな》びらのような形《かたち》をした、〝鼻葉《びよう》〟と呼《よ》ばれる複雑《ふくざつ》なひだがあるだけです。そして、この鼻葉《びよう》から超音波《ちょうおんぱ》を出《だ》し、その音《おと》の反響《はんきょう》によって周囲《しゅうい》の位置関係《いちかんけい》を知《し》ることができるといわれています。

〈訳者《やくしゃ》のひとこと〉

鳥《とり》でもないのに、鳥《とり》のようにえらそうにふるまう、コウモリのずるがしこさが、実《じつ》によく表《あらわ》れていますね。

なぜフクロウとカラスは仲《なか》が悪《わる》いの

むかしむかし、鳥《とり》の王《おう》さま、*1ガルーダ王《おう》には、あとつぎの子《こ》がいなかったそうです。

そこで、フクロウのことを、

「*2目《め》に火《ひ》のある、顔《かお》に光《ひかり》のある子《こ》だ」

といって、養子《ようし》にしました。

しかし、フクロウは、ガルーダ王《おう》の子《こ》どもになってからは、父親《ちちおや》が手《て》に入《い》れ得《え》たものを、ただ飲《の》み食《く》いし、自分《じぶん》では何《なに》もしないでのんびりして、何不自由《なにふじゆう》なくぜいたくに暮《く》らすようになりました。

ところが、冬《ふゆ》になり、天気《てんき》がひどく寒《さむ》くなると、ガルーダ王《おう》は、

*1 ガルーダ…「なぜコウモリの鼻《はな》には大《おお》きなあながないの」の訳注《やくちゅう》1を参照《さんしょう》。

*2 目《め》に火《ひ》のある、顔《かお》に光《ひかり》のある…モンゴル語《ご》で、〝元気一杯《げんきいっぱい》で、はつらつとした〟という意味《いみ》の表現《ひょうげん》で、数多《かずおお》くの英雄《えいゆう》叙事詩《じょじし》、民話《みんわ》、伝説《でんせつ》などによく見《み》られます。

「何《なん》と寒《さむ》くなっているんだ。私《わたし》は、これまでの人生《じんせい》で、こんなに寒《さむ》くなるのをみたことがない」

と話《はな》すと、フクロウは、世《よ》の中《なか》を見《み》て、見《けん》聞《ぶん》を広《ひろ》めた者《もの》だとほめてもらいたくて、

「ああ父上《ちちうえ》、この寒《さむ》さは何《なん》ともありません。私《わたし》が小《ちい》さい頃《ころ》、人間《にんげん》さまがつばをはくと、つばが地面《じめん》につかないうちに凍《こお》っていました。また、私《わたし》は、*3三歳《さんさい》の雄《おす》ウシの角《つの》が凍《こお》って折《お》れるのも、目《め》にしました。そのとき、私《わたし》は、高《たか》い木《き》のてっぺんにとまり、雪《ゆき》にうもれることなく、霜《しも》もつかず、こごえずに寒《さむ》さを乗《の》り切《き》ったんです

よ」

と後先《あとさき》を考《かんが》えずに、自慢《じまん》してしまいました。

すると、ガルーダ王《おう》は、おこって、

「それじゃ、おまえは、私《わたし》よりも年《とし》を取《と》っているはずだ。どうりで大《おお》きくならないわけだ。黒《くろ》い老《お》いぼれやろうだったんだな」

といって、家《いえ》から追《お》い出《だ》してしまいました。

それ以来《いらい》、フクロウは、住《す》む家《いえ》もなく、木《き》のあなに入《はい》って、夜《よる》を過《す》ごすようになったそうです。

そのうちに、ガルーダ王《おう》はなくなり、多《おお》くの鳥《とり》たちは、

「誰《だれ》を鳥《とり》の王《おう》さまにしようか」

と話《はな》し合《あ》いました。

一部《いちぶ》の鳥《とり》たちは、

「ガルーダ王《おう》のところから追《お》い出《だ》されたとはいえ、彼《かれ》の養子《ようし》であるフクロウを王《おう》さま

＊3　三歳《さんさい》の雄《おす》ウシの角《つの》が凍《こお》って折《お》れる…モンゴル語《ご》の決《き》まり文句《もんく》で、〝モンゴルの冬《ふゆ》の最《もっと》も寒《さむ》い時期《じき》（冬《ふゆ》の81日間《にちかん》を三等《さんとう》分《ぶん》した、真《ま》ん中《なか》の27日間《にちかん》）〟のたとえに用《もち》いられ、まさに〝肌《はだ》に突《つ》き刺《さ》さり、身《み》を切《き》られるほど寒《さむ》い〟という意味《いみ》です。

にしよう。大勢《おおぜい》の中《なか》で、威厳《いげん》があり、夜《よ》目《め》がきくので、他《ほか》の鳥《とり》たちをきっと支配《しはい》することができる」

といったところ、カラスは、

「あなたたちは、何《なん》てばかげたことを話《はな》しているんだ。フクロウの足《あし》は、みにくいがにまたで、色《いろ》は、いやな灰褐色《はいかっしょく》だ。以《い》前肉《ぜんにく》をぬすんで食《た》べて、どうしようもないので、まま母《はは》が、彼《かれ》をつかまえ、彼《かれ》の目《め》に油《あぶら》っこいスープをかけたせいで、フクロウは、みにくい黄緑色《きみどりいろ》の目《め》になったんだ。さらに、声《こえ》は、〝ホーホー〟と鳴《な》くので、この世《よ》のすべての生《い》き物《もの》たち

は、縁起《えんぎ》が悪《わる》いと思《おも》っている。鳥《とり》のような頭《あたま》をしているのに、*4ウシのように角《つの》のある、こんな変《へん》なやつを、鳥《とり》の王《おう》さまにすべきでない」といって、フクロウを王《おう》の位《くらい》につかせなかったそうです。

それ以来《いらい》、*5フクロウは、夜《よる》、カラスの平和《へいわ》を、またカラスは、昼間《ひるま》、フクロウの平和《へいわ》を、それぞれみだすようになったということです。

＊4 ウシのように角《つの》のある…頭《あたま》に角《つの》のように長《なが》くのびて見《み》えるものを、〝羽角《うかく》〟といい、実際《じっさい》には、角《つの》ではなく、羽毛《うもう》のことです。

＊5 フクロウは、…それぞれみだす…フクロウとカラスは天敵《てんてき》どうしといわれています。

〈訳者《やくしゃ》のひとこと〉

カラスは、フクロウにしっとしたせいで、両者《りょうしゃ》は仲《なか》たがいしますが、しっとがよくないのは、今《いま》の人《にん》間社会《げんしゃかい》でも、まったく同《おな》じですね。

なぜニワトリは明《あ》け方《がた》鳴《な》くようになったの

むかしむかし、ニワトリは、もともと*ウマにのった人《ひと》が下《お》りて見《み》たがるほど、歩《ある》いている人《ひと》が座《すわ》って見《み》たがるほど非常《ひじょう》に美《うつく》しくて、さまざまな色《いろ》がにじのようにおりなした、大《おお》きくてすばらしいしっぽをもっていたのでした。

一方《いっぽう》、当時《とうじ》、クジャクは、羽《はね》が少《すく》なく、しっぽが短《みじか》い、目立《めだ》たない生《い》き物《もの》でした。

クジャクは、ニワトリのそのすばらしい羽《はね》と、堂々《どうどう》とした美《うつく》しいしっぽがうらやましくて、どうにかこうにかして、それをうばいとりたいものだといつも考《かんが》えていました。

すると、ある晩《ばん》、ニワトリが、にじのようにおりなした、すばらしい羽《はね》のしっぽを上《うえ》にもちあげ、うれしそうに歩《ある》いていると、偶然《ぐうぜん》クジャクと出会《であ》いました。

クジャクは、

*ウマにのった人《ひと》が下《お》りて見《み》たがるほど、歩《ある》いている人《ひと》が座《すわ》って見《み》たがるほど…モンゴル語《ご》の決《き》まり文句《もんく》で、非常《ひじょう》に美《うつく》しくて、心引《こころひ》かれるものを目《め》にしたときに用《もち》いられる表現《ひょうげん》です。

「やあニワトリさんよ、君《きみ》は、一度《いちど》私《わたし》を助《たす》けてくれよ。今夜《こんや》、私《わたし》たちクジャクは、親《しん》せきどうしで宴会《えんかい》を開《ひら》こうとしているんだ。今夜《こんや》だけ、私《わたし》は、君《きみ》に羽《はね》をかりて、おしゃれをしたいんだ」

といいました。

ニワトリは、

「それで、君《きみ》は、いつ返《かえ》してくれるんだい」

とたずねたところ、クジャクは、

「朝早《あさはや》くみんなが起《お》きる前《まえ》、明《あ》け方《がた》のまだうす暗《ぐら》いときに、返《かえ》してあげるよ」

といって、ぺこぺこ頭《あたま》を下《さ》げました。

「まあいいだろう。君《きみ》は、私《わたし》たちニワトリが目《め》を覚《さ》ます前《まえ》に、私《わたし》に羽《はね》を返《かえ》してくれるなら、今夜《こんや》だけは、もっていきなさいよ」

といって、ニワトリは、おおらかな気持《きも》ちで、自分《じぶん》の羽《はね》をクジャクにわたして行《い》かせました。

ニワトリは、自分《じぶん》の羽《はね》をクジャクにわたしてしまってから、その夜《よ》は、あまりよく眠《ねむ》れずに過《す》ごし、夜《よ》が明《あ》けるとすぐに、

「クジャクよ、君《きみ》は、私《わたし》に羽《はね》を返《かえ》しておくれ！」

とさけびましたが、クジャクの影《かげ》も形《かたち》も見《み》えませんでした。

こうして、ニワトリは、それ以来《いらい》、明《あ》け方《がた》早《はや》く、

「クジャクよ、君《きみ》は、私《わたし》に羽《はね》を返《かえ》しておくれ！」

とさけんで鳴《な》くようになったそうです。

一方《いっぽう》、クジャクは、ニワトリが、自分《じぶん》から羽《はね》をうばいとってしまうのではないかと思《おも》って、こっそりとぺこぺこ頭《あたま》を下《さ》げながら、耳《みみ》をすましていくようになったとのことです。

〈訳者《やくしゃ》のひとこと〉

朝《あさ》、ニワトリのこけこっこーという鳴《な》き声《ごえ》を聞《き》くたびに、クジャクに羽《はね》を返《かえ》してくれとさけんでいる心《こころ》の声《こえ》だと思《おも》うと、とても悲《かな》しいですね。

なぜトンビはニワトリのひなをおそうの

むかしむかし、トンビとニワトリは、一《ひと》つ屋根《やね》の下《した》で、仲《なか》よく暮《く》らしていました。

トンビは、完《かん》ぺきな知識《ちしき》をもっていたので、毎日《まいにち》、ニワトリに飛《と》ぶわざを教《おし》え、ニワトリは、それを学《まな》んでいました。

ある日《ひ》、ニワトリは、トンビをよく観察《かんさつ》してみると、美《うつく》しい服《ふく》を着《き》て、頭《あたま》には、トルコ石《いし》やサンゴのような、赤《あか》いまだらの花《はな》かざりがあるので、本当《ほんとう》にきれいに見《み》えました。

そこで、ニワトリは、トンビを見《み》るたびに、ますますしっと心《しん》がわき起《お》こり、

「私《わたし》にこんなきれいなかざりがあったら、どんなに美《うつく》しいだろう」

と思《おも》いました。

ニワトリは、考《かんが》えに考《かんが》えたあげく、ついずるい気《き》を起《お》こし、トンビの頭《あたま》のかざりをぬすみ取《と》ろうと考《かんが》えました。

まもなくして、トンビは、三十歳《さんじゅっさい》のお祝《いわ》いの大《だい》えん会《かい》を開《ひら》きました。大勢《おおぜい》みなで酒《さけ》を飲《の》み、とてもにぎやかでした。

トンビは、大喜《おおよろこ》びで、満足《まんぞく》げに酒《さけ》を飲《の》んで、つい酔《よ》ってしまい、えん会《かい》が終《お》わった後《あと》、ぐっすりねむってしまいました。まさにこの機《き》に乗《じょう》じて、ニワトリは、トンビの赤《あか》いとさかのかざりをぬすみとって、にげたそうです。

トンビが朝《あさ》、目《め》をさますと、ニワトリの姿《すがた》は見《み》えず、自分《じぶん》の頭《あたま》のかざりも、すでになくなっていました。

トンビは、ニワトリにまんまとだまされたことに気《き》づき、ニワトリを、卵《たまご》やひなもろとも食《た》べつくそうと、空《そら》に舞《ま》い上《あ》がり、ニワトリがどこへにげたのか、さがし回《まわ》りました。

それ以来《いらい》、トンビとニワトリは、天敵《てんてき》となり、ニワトリのひなを、トンビがおそって食《た》べるようになったということです。

〈訳者《やくしゃ》のひとこと〉

むかし、ニワトリは、トンビの恩《おん》をあだで返《かえ》したせいで、いまだに苦労《くろう》しているようですね。

なぜウズラのしっぽは短《みじか》いの

むかしむかし、一羽《いちわ》の白黒《しろくろ》まだらのカササギが、こんもりと生《お》いしげった木《き》の上《うえ》で巣《す》をつくり、三個《さんこ》の卵《たまご》をうんで、何《なん》の心配《しんぱい》もなく、しあわせに暮《く》らしていました。

ところが、ある日《ひ》、そろりそろりと走《はし》る、とてもずるがしこいキツネがやってきて、白黒《しろくろ》まだらのカササギに向《む》かって、

「おーい、カササギよ！　おれに卵《たまご》を一個《いっこ》おくれ」

といいました。

カササギは、それを聞《き》いて、キツネに、

「私《わたし》は、さっき三個《さんこ》だけ卵《たまご》をうんだのよ。君《きみ》にどうしてあげるの」

といったところ、キツネは、とてもおこって、大声《おおごえ》で、

「おまえが、もし卵《たまご》をくれないなら、おれは、
しげみのところから、砂《すな》ぼこりを舞《ま》い上《あ》げてやってきて、
おまえのヤナギの木《き》を、頭《あたま》でばきっとへし折《お》り、
粉々《こなごな》にわれた卵《たまご》をひろって食《た》べるぞ。
岩《いわ》のところから、はや足《あし》でかけてきて、
おまえのニレの木《き》を、頭《あたま》でばきっとへし折《お》り、
粉々《こなごな》にわれた卵《たまご》をひろって食《た》べるぞ」

といって、おどしました。

すると、カササギは、それを聞《き》いて、ものすごくおびえ、どうしようもなく卵《たまご》を一《いっ》個《こ》あげました。そして、残《のこ》った二個《にこ》の卵《たまご》をだいて、子守歌《こもりうた》を歌《うた》いながら、思《おも》わず泣《な》きふせていました。

ところが、次《つぎ》の日《ひ》、例《れい》のキツネが、またもやってきて、カササギに向《む》かって、

「おーい、カササギよ！　おれに卵《たまご》を一個《いっこ》おくれ」

といいました。

カササギは、

「もう二個《にこ》しか卵《たまご》はないの。私《わたし》は、君《きみ》にあげることはできないわ」

といったところ、キツネは、大声《おおごえ》で、

「しげみのところから、砂《すな》ぼこりを舞《ま》い上《あ》げてやってきて、おまえのヤナギの木《き》を、頭《あたま》で根《ね》こそぎなぎたおし、粉々《こなごな》にわれた卵《たまご》をひろって食《た》べるぞ。岩《いわ》のところから、はや足《あし》でかけてきて、おまえのニレの木《き》を、頭《あたま》でばきっとへし折《お》り、粉々《こなごな》にわれた卵《たまご》をひろって食《た》べるぞ」

といったところ、恐怖《きょうふ》と心配《しんぱい》が入《い》りまじって、どうすることもできないカササギは、残《のこ》った二個《にこ》の卵《たまご》の一個《いっこ》をキツネにあげました。そして、たった一個《いっこ》の卵《たまご》をだいて、（キツネがまたやってきたらどうしよう）とひどく悲《かな》しんで泣《な》いていると、一羽《いちわ》の

*ウズラが飛《と》んできて、カササギに向《む》かって、

「カササギ姉《ねえ》さん、カササギ姉《ねえ》さん！　あなたは、どうして泣《な》いているの」

とたずねました。

　すると、カササギは、

「おそろしい、あくどいキツネがやってきて、私《わたし》の二個《にこ》の卵《たまご》を食《た》べてしまったの。また今度《こんど》やってきて、残《のこ》った、たった一個《いっこ》の卵《たまご》を食《た》べてしまうのではないかとこわくて、泣《な》いているの」

と答《こた》えたところ、ウズラは、それを聞《き》いて、

「カササギ姉《ねえ》さん、カササギ姉《ねえ》さん！　あなたは、そんなことで心配《しんぱい》しないで。あの悪《わる》いキツネが、またやってきたら、彼《かれ》に、

　　しげみのところから、砂《すな》ぼこりを舞《ま》い上《あ》げてやってくる
　君《きみ》の灰色《はいいろ》のウマはどこにいるの
　ヤナギの木《き》を根《ね》こそぎなぎたおす

*ウズラ…キジ科《か》の鳥《とり》で、尾《お》は短《みじか》く、体《からだ》は丸《まる》く、羽《はね》の色《いろ》は、褐色《かっしょく》に黒《くろ》のまだら模様《もよう》です。モンゴル語《ご》で、〝ブドウン〟(büdne) といいます。

君《きみ》の角《つの》はどこにあるの
岩《いわ》のところから、はや足《あし》でかけてくる
君《きみ》の月毛《つきげ》のウマはどこにいるの
ニレの木《き》をばきっとへし折《お》る
君《きみ》の角《つの》はどこにあるの

とたずねなさい。ただし、私《わたし》が教《おし》えてあげたとはいわないで」
といって、ウズラは飛《と》んでいったそうです。
次《つぎ》の日《ひ》、例《れい》の味《あじ》をしめたキツネがまたやってきて、木《き》を見上《みあ》げ、
「おーい、カササギよ！　おれに卵《たまご》を一個《いっこ》おくれ」
といいました。
ところが、カササギは、
「私《わたし》は、君《きみ》に卵《たまご》をあげないよ。

しげみのところから、砂《すな》ぼこりを舞《ま》い上《あ》げてやってくる

君《きみ》の灰色《はいいろ》のウマはどこにいるの
ヤナギの木《き》を根《ね》こそぎなぎたおす
君《きみ》の角《つの》はどこにあるの
岩《いわ》のところから、はや足《あし》でかけてくる
君《きみ》の月毛《つきげ》のウマはどこにいるの
ニレの木《き》をばきっとへし折《お》る
君《きみ》の角《つの》はどこにあるの」
とたずねました。
キツネは、
「そのことを誰《だれ》がおまえに教《おし》えたのか」
とたずねたところ、カササギは、またもこわくなって、
「ウズラが教《おし》えてくれたの」
と正直《しょうじき》に答《こた》えました。

そして、例《れい》のキツネは、今度《こんど》は、ウズラをつかまえ食《た》べようとして、しげみやヤナギの、根《ね》もとのにおいをかいで回《まわ》り、何日《なんにち》もたってから、ある日《ひ》、しげみの中《なか》から、いきなりウズラをつかまえ口《くち》にくわえたのです。

すると、ウズラは、

「キツネさん！　君《きみ》は、私《わたし》を好《す》きなようにお食《た》べなさい。でも、徳《とく》のある者《もの》なら、食《た》べ物《もの》を食《た》べるときは、ぱくぱくかんで食《た》べますよ。徳《とく》のない者《もの》なら、もぐもぐかんで食《た》べますけど」

といったところ、キツネは、それを聞《き》いて、内心《ないしん》とても喜《よろこ》び、（おれのような徳《とく》のある者《もの》は、他《ほか》にどこにいるというのか。ぱくぱくかんで食《た》べよう）と思《おも》って、つい口《くち》を開《あ》けてしまいました。

そしたら、そのすきに、ウズラは、ぱたぱたっと飛《と》んでにげだし、そのとき、キツネは、ウズラのしっぽを、ぷつんとかみ切《き》っただけで終《お》わったそうです。

こうして、それ以来《いらい》、かしこいウズラのしっぽは、短《みじか》くなったということです。

〈訳者《やくしゃ》のひとこと〉

ずるがしこいものは、かんじんなところで、まぬけだという教訓《きょうくん》ですね。

なぜハトはクックークックー、スズメはチュンチュン鳴《な》くの

むかしむかし、ハトとスズメは、仏教《ぶっきょう》の国《くに》、チベットを目指《めざ》して、飛《と》びたちました。二羽《にわ》は、チベットに到着《とうちゃく》する直前《ちょくぜん》、ある家《いえ》の屋根《やね》の上《うえ》にとまり、ひと休《やす》みしたそうです。ところが、しばらく休《やす》んでから、先《さき》へ飛《と》ぼうとしたところ、その家《いえ》から、ある女性《じょせい》の悲鳴《ひめい》やうめき声《ごえ》が聞《き》こえてきました。

そこで、ハトは、次《つぎ》のようにいいました。

「この人《ひと》の面倒《めんどう》を見《み》なきゃいけないわ」

すると、スズメは、

「いいえ、時間《じかん》がないよ。はやく行《い》って、チベットの*ラマ僧《そう》たちがどうやって暮《く》らし、お祈《いの》りしているのか見《み》るために、私《わたし》は急《いそ》いでいるの」

*ラマ僧《そう》…チベット仏教《ぶっきょう》の僧侶《そうりょ》のことをいいます。

そういって、ぱたぱたっと先《さき》へ飛《と》んでいきました。

一方《いっぽう》、ハトは、病気《びょうき》の女性《じょせい》を看病《かんびょう》するために、そこに残《のこ》ったそうです。

スズメは、チベットに到着《とうちゃく》し、お寺《てら》の屋根《やね》に入《はい》りこみ、巣《す》をつくって、ラマ僧《そう》たちが、どうやってお経《きょう》を読《よ》み、お祈《いの》りしているのか見《み》ていました。

一《いっ》ヶ月《げつ》がたち、ハトとスズメが再会《さいかい》し、口《くち》を開《ひら》いて話《はな》し合《あ》おうとしましたが、たがいのことばがまったく理解《りかい》できなかったそうです。

というのも、ハトは、常《つね》に大声《おおごえ》でうめき声《ごえ》をあげるかのように、

「クックークックー」

と声《こえ》を出《だ》しましたが、一方《いっぽう》、スズメは、絶《た》えずただ
「チュンチュン、チュンチュン」

とだけ、いっていたからです。

なぜかというと、ハトは、病気《びょうき》の女性《じょせい》の「うっうー、うっうー」という悲鳴《ひめい》やうめき声《ごえ》が忘《わす》れられなかったため、「クックークックー」と鳴《な》くようになりました。

また、スズメは、朝《あさ》から晩《ばん》まで、わけのわからないことを口《くち》の中《なか》で、ただぶつぶついっているような、ラマ僧《そう》たちの、「じゅんじゅん、じゅんじゅん」というお経《きょう》やお祈《いの》りの声《こえ》が耳《みみ》について、その後《ご》、「チュンチュン、チュンチュン」と鳴《な》くようになったそうです。

こうして、ハトとスズメは、その後《ご》、今日《こんにち》にいたるまで、今《いま》もなお、たがいのことばを理解《りかい》できないままだそうです。

〈訳者《やくしゃ》のひとこと〉
平和《へいわ》のシンボルといわれるハトには、結局《けっきょく》、仏教《ぶっきょう》の教《おし》えは、何《なに》もわからなかったのですね。

家畜《かちく》のくるぶしの骨《ほね》とモンゴルの遊《あそ》び

みなさんは、学校《がっこう》やじゅくの宿題《しゅくだい》が終《お》わったら、何《なに》をするかな?「友達《ともだち》とゲームをする!」という声《こえ》が聞《き》こえますね。モンゴル人《じん》の子《こ》どもも、遊《あそ》ぶことが大好《だいす》きです。でも、日本《にほん》とはちがって、モンゴルの、特《とく》に田舎《いなか》の子《こ》どもたちは、ゲーム機《き》なんかもっていません。では、いったい何《なに》をして遊《あそ》ぶのでしょうか? モンゴルの遊《あそ》びといえば、家畜《かちく》のくるぶしの骨《ほね》が有名《ゆうめい》です。

家畜《かちく》のくるぶしの骨《ほね》は、モンゴル語《ご》でシャガィ、あるいはシャーといい、モンゴル人《じん》にとって、もっとも手《て》に入《い》れやすい遊《あそ》び道具《どうぐ》です。いろいろな家畜《かちく》のくるぶしを使《つか》いますが、特《とく》にヒツジやヤギのくるぶしが多《おお》いです。くるぶしの骨《ほね》は、ヒツジなら3センチくらいの大《おお》きさの立方体《りっぽうたい》で、四面《よんめん》に分《わ》けられます。それぞれの面《めん》には、ウマ・ラクダ・ヒツジ・ヤギといった名前《なまえ》があります。遊《あそ》び方《かた》は、次《つぎ》のようにいろいろあります。

・おはじきにして遊《あそ》びます。
・お手玉《てだま》にして遊《あそ》びます。
・さいころにして、競馬《けいば》のすごろくゲームをします。
・手《て》ににぎった数《かず》の合計《ごうけい》を、いい当《あ》てて遊《あそ》びます。
・一個《いっこ》、上《うえ》に投《な》げて、落《お》ちてくるまでの間《あいだ》に、地面《じめん》にばらまいた、くるぶしの骨《ほね》を何個《なんこ》取《と》れるか競争《きょうそう》します。
・さいころのようにふって、出《で》た目《め》によって占《うらな》います。

モンゴルは、冬《ふゆ》がとてもきびしくて長《なが》いので、子《こ》どもたちは、いくら外《そと》で遊《あそ》びたくても、遊《あそ》ぶことができないことが多《おお》いです。さらに、毎日《まいにち》、同《おな》じ遊《あそ》びではつまらないものです。そのため、くるぶしの骨《ほね》による、いろいろな遊《あそ》び方《かた》ができたのでしょうね。

モンゴルの子《こ》どもたちは、小《ちい》さいときから、大人《おとな》と同《おな》じように、家《いえ》の仕事《しごと》をよく手伝《てつだ》います。子《こ》どもたちは、家畜《かちく》の世話《せわ》や放牧《ほうぼく》、家《いえ》のそうじや料理《りょうり》などでいそがしくて、あまり遊《あそ》ぶ時間《じかん》がありません。そのため、くるぶしの骨《ほね》を使《つか》って、兄弟《きょうだい》や友達《ともだち》、近所《きんじょ》の子《こ》どもたちといっしょに遊《あそ》ぶ時間《じかん》は、とても楽《たの》しくて、わくわくします。

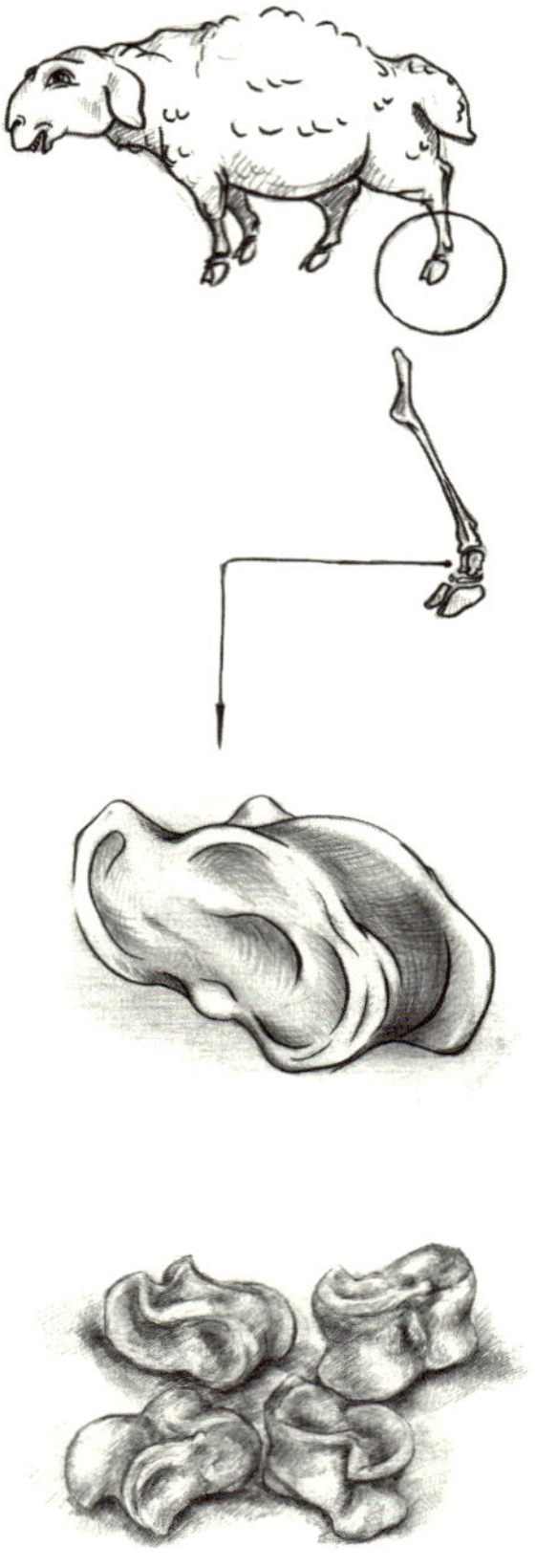

シャガィ（シャー）の
4つの面《めん》の名前《なまえ》
上《うえ》の左《ひだり》がヒツジ、右《みぎ》がウマ。
下《した》の左《ひだり》がヤギ、右《みぎ》がラクダ。
（218ページ参照《さんしょう》）

人間《にんげん》のなぜなぜ話《ばなし》

なぜ人間《にんげん》や動物《どうぶつ》に寿命《じゅみょう》があるの

神《かみ》さまが、この世《よ》の生《い》き物《もの》に、寿命《じゅみょう》を割《わ》り当《あ》てることになったときのお話《はなし》です。

「人間《にんげん》は、良《よ》い運命《うんめい》の生《い》き物《もの》なので、年齢制限《ねんれいせいげん》はなく、長生《ながい》きさせよう」

と、神《かみ》さまがおっしゃったところ、ある人《ひと》がいいました。

「人間《にんげん》は、死《し》なずに長生《ながい》きするならば、この世《よ》にあふれおさまらなくなります」

「それでは、人間《にんげん》の寿命《じゅみょう》をどうやって決《き》めるのか」

と、神《かみ》さまがおっしゃったところ、ある人《ひと》が、

「人間《にんげん》の生《う》まれる数《かず》と死《し》ぬ数《かず》を同《おな》じにしましょう。たとえば、一日《いちにち》に百人《ひゃくにん》生《う》まれているとすると、百人《ひゃくにん》なくなっているといった具合《ぐあい》です」

といったので、神《かみ》さまは、人間《にんげん》の寿命《じゅみょう》を百歳《ひゃくさい》と決《き》めることにしました。

「家畜《かちく》は、悪《わる》い運命《うんめい》の生《い》き物《もの》で、人間《にんげん》の乗《の》り物《もの》や食料《しょくりょう》となっていく運命《うんめい》にある。長《なが》く苦《くる》しまないように、家畜《かちく》の寿命《じゅみょう》を人間《にんげん》の寿命《じゅみょう》の三分《さんぶん》の一《いち》として計算《けいさん》し、ウマには三十三歳《さんじゅうさんさい》あたえよう」

とおっしゃいました。

そして、神《かみ》さまは、ヒツジ、ヤギ、ウシ、ラクダに、それぞれ寿命《じゅみょう》をあたえてから、一番最後《いちばんさいご》に、ロバのところにやってきて、次《つぎ》のようにおっしゃいました。

「おまえには八十歳《はちじゅっさい》あたえよう」

すると、ロバは、

「私《わたし》は、どんな運命《うんめい》の、どんなしあわせな生《い》き物《もの》なのですか」

とたずねました。

神《かみ》さまは、

「おまえは、口《くち》に冷《つめ》たい鉄《てつ》をふくみ、背中《せなか》には荷物《にもつ》を積《つ》ませていく運命《うんめい》にある」

とおっしゃいました。

そこで、ロバは、

「それでは、私《わたし》の寿命《じゅみょう》を減《へ》らしてください」

とお願《ねが》いしたところ、神《かみ》さまは、

「ロバに三十歳《さんじゅっさい》あたえよう」

と命令《めいれい》されました。

神《かみ》さまは、家畜《かちく》の中《なか》で、ウマは、人間《にんげん》の最《もっと》も身近《みぢか》で生《い》きる生《い》き物《もの》として、寿命《じゅみょう》といっしょに、ウマに、もっとたくさんの知恵《ちえ》もあたえたのだそうです。

そのために、ウマは、無人《むじん》のところでも、自分《じぶん》の主人《しゅじん》を置《お》き去《ざ》りにしないほど、とてもかしこいということです。


〈訳者《やくしゃ》のひとこと〉

神《かみ》さまが、ウマに知恵《ちえ》をさずけたおかげで、今《いま》でも、ウマと人間《にんげん》は、親《した》しくしているのですね。

なぜ人間《にんげん》ははだかで、イヌは毛《け》だらけになったの

むかしむかし、
大地《だいち》のしんがやっとかたまり
火《ひ》の子《こ》がやっと赤《あか》くなり、
乳海《にゅうかい》がまだ水《みず》たまりで
須弥山《しゅみせん》がまだ小《ちい》さな丘《おか》だった頃《ころ》、
日《ひ》がやっとのぼり
月《つき》がやっとのぼり
葉《は》がやっとひろがり、
アヤメがやっと青《あお》くなった頃《ころ》、

神《かみ》さまは、人間《にんげん》をつくり出《だ》そうとして、粘《ねん》土《ど》で男女二人《だんじょふたり》の姿《すがた》をつくり、命《いのち》を吹《ふ》き込《こ》むために、不老不死《ふろうふし》の水《みず》を取《と》りに行《い》くことにしました。

留守《るす》の間《あいだ》、（悪魔《あくま》がやってきて、危害《きがい》を加《くわ》えるかもしれない）と思《おも》い、神《かみ》さまは、イヌとネコに、その二《ふた》つの粘土《ねんど》の人間《にんげん》を守《まも》らせたのです。

「おまえたちは、この二人《ふたり》の人間《にんげん》をしっかり見張《みは》っていなさい。私《わたし》が不老不死《ふろうふし》の水《みず》をもってくるまで、誰《だれ》も近《ちか》づかせないように。この二人《ふたり》は、おまえたちの主人《しゅじん》となり、守《まも》ってくれるのだから、気《き》をつけてしっかり見張《みは》っていなさい」
と、神《かみ》さまはいいました。

こうして、神《かみ》さまが出《で》かけた後《あと》、悪魔《あくま》が神《かみ》さまの作《つく》ったものに危害《きがい》を加《くわ》えようとやってきましたが、イヌとネコは、近《ちか》づかせませんでした。

そこで、悪魔《あくま》は、ネコにミルクを、イヌに肉《にく》をもってきてあたえ、二匹《にひき》が食《た》べている間《あいだ》に、二《ふた》つの粘《ねん》土《ど》の人間《にんげん》に向《む》け、まわりに小便《しょうべん》をかけ、すっかりよごして、行《い》ってしまったそうです。

神《かみ》さまが不老不死《ふろうふし》の水《みず》をもってきて、二人《ふたり》の人間《にんげん》に命《いのち》を吹《ふ》き込《こ》もうとしたところ、体《からだ》の毛《け》がよごれていたことに激《げき》どし、ネコに、

「人間《にんげん》のこのよごれた毛《け》をしっかりなめて、きれいにしなさい」

と罰《ばつ》をあたえました。

神《かみ》さまは、ネコにしっかりなめさせ、きれいにさせましたが、ただ頭《あたま》の毛《け》だけは、悪魔《あくま》の小便《しょうべん》がかからなかったので、そのまま残《のこ》させました。また、わきの下《した》とまたのつけ根《ね》は、ネコの舌《した》がとどかなかったので、少《すこ》しだけきたない毛《け》が残《のこ》ったそうです。

さらにイヌには、悪魔《あくま》が小便《しょうべん》をかけた、あのきたない毛《け》を、体《からだ》につけさせ、罰《ばつ》としたのです。

そのため、人間《にんげん》ははだかになり、イヌは毛《け》だらけになったのだそうです。また、このようなわけで、モンゴルでは、「ネコの舌《した》はきたない、イヌの毛《け》はきたない」といわれています。

さらに、人間《にんげん》は、悪魔《あくま》の毒《どく》でけがされたので、神《かみ》さまが、人間《にんげん》の口《くち》に不老不死《ふろうふし》の水《みず》

をたらしましたが、人間《にんげん》は、永遠《えいえん》に生《い》きることなく、途中《とちゅう》で死《し》ぬようになったとのことです。

〈訳者《やくしゃ》のひとこと〉
もし人間《にんげん》が、悪魔《あくま》に小便《しょうべん》をかけられていなかったら、今《いま》ごろは、イヌやネコのように毛《け》だらけになり、他《ほか》の一部《いちぶ》の動物《どうぶつ》たちと見分《みわ》けができなくなっていたと考《かんが》えると、とても不気味《ぶきみ》ですね。

なぜ人間《にんげん》はことばをもつようになったの

むかしむかし、神《かみ》さまのつくったあらゆる生《い》き物《もの》の中《なか》で、力《ちから》が弱《よわ》いのが人間《にんげん》でした。生《い》き物《もの》たちの一番弱《いちばんよわ》い者《もの》として、ひどく苦《くる》しんだため、人間《にんげん》は、長《なが》い長《なが》い道《みち》のりを、通《とお》りに通《とお》りぬけながら、やっと神《かみ》さまにお目《め》にかかり、

「私《わたし》に強《つよ》い力《ちから》をください」

と、お願《ねが》いしたそうです。

すると、神《かみ》さまは、

「おまえは、ただ強《つよ》い力《ちから》だけでどうするのか、おまえには知恵《ちえ》をあたえよう」

といって、人間《にんげん》に知恵《ちえ》をさずけました。

人間《にんげん》は、知恵《ちえ》をもらいましたが、おそれる苦《くる》しみやあらゆる困難《こんなん》から、まだ完全《かんぜん》に

ぬけ出《だ》すことはできなかったそうです。

それで、もう一度《いちど》、神《かみ》さまにお目《め》にかかり、今度《こんど》は、

「ことばをください」

とお願《ねが》いして、人間《にんげん》は、ことばをもつようになったそうです。

こうして、人間《にんげん》という生《い》き物《もの》は、体力《たいりょく》と知力《ちりょく》の強《つよ》いものとなり、ことばで仲間《なかま》を集《あつ》め、何《なん》でも好《す》きなものをつくることのできる、この世《よ》で比《くら》べるものがない、ごう慢《まん》きわまりない生《い》き物《もの》になったそうです。

そのため、神《かみ》さまは、

「この人間《にんげん》の力《ちから》を半減《はんげん》しなければならないが、一体《いったい》どうしようか」

と考《かんが》え、座《すわ》って、めい想《そう》にふけっていましたが、そのとき、一《ひと》つの名案《めいあん》を思《おも》いついたのです。

それは、人間《にんげん》のことばを種類《しゅるい》ごとに分《わ》けることで、それぞれ異《こと》なることばをもつようにしたのです。それにより、人間《にんげん》は、たがいのことばがすぐに理解《りかい》できなくなり、

人間《にんげん》の力《ちから》がばらばらにわかれる結果《けっか》となりました。

こうして、今日《こんにち》の人間《にんげん》は、ごう慢《まん》ではなく、人《ひと》の恩《おん》を考《かんが》え、しきたりを守《まも》る、おだやかでやさしい性格《せいかく》をもつようになったそうです。

一方《いっぽう》、鳥《とり》の＊モズは、人間《にんげん》の威力《いりょく》が、そのことばにあるということを知《し》り、しっとのあまり、神《かみ》さまのところをしばしば訪《おとず》れ、ことばをもらえるようにお願《ねが》いしました。そして、神《かみ》さまから何度《なんど》もことばをもらい続《つづ》けた結果《けっか》、七十《しちじゅう》ものことばをもつようになったのです。しかしながら、モズは、知恵《ちえ》が足《た》りないので、人間《にんげん》のように強《つよ》い力《ちから》をもつことができなかったということです。

＊モズ…さまざまな鳥《とり》の鳴《な》き声《ごえ》をよくまねることから、漢字《かんじ》で「百舌鳥」（百《ひゃく》の舌《した》をもつ鳥《とり》）と書《か》かれます。モンゴル語《ご》では、〝チョグチゴ〟（chogchigo）といいます。

〈訳者《やくしゃ》のひとこと〉

もし人間《にんげん》が、そもそも同《おな》じことばをもっていたとしたら、外国語《がいこくご》は、存在《そんざい》しなかったことでしょう。

なぜこの世《よ》の火《ひ》は熱《あつ》く、地下界《ちかかい》の火《ひ》は冷《つめ》たいの

むかしむかし、この*1地上界《ちじょうかい》の人《ひと》たちは、火《ひ》をもっていなかったそうです。それなのに、毎晩《まいばん》、天空《てんくう》を見上《みあ》げると、天上界《てんじょうかい》の人《ひと》たちは、火《ひ》をたいて、無数《むすう》のたき火《び》が、きらきらかがやいていたのでした。

「天上界《てんじょうかい》の人《ひと》たちの火《ひ》をぬすんで、手《て》に入《い》れたいものだが、どうやって、誰《だれ》を行《い》かせようか」

と人々《ひとびと》は、話《はな》し合《あ》ったそうです。

「人間《にんげん》には、つばさがないので、天上界《てんじょうかい》の人《ひと》たちのところに、たどり着《つ》きようがない。ハゲワシを天上界《てんじょうかい》に行《い》かせれば、体《からだ》が大《おお》きくて、すぐにつかまってしまう。だが、ツバメは、動《うご》きがすばやく、体《からだ》が小《ちい》さくて、まさにぴったりだ」

*1 地上界《ちじょうかい》…モンゴル人《じん》は、仏教的《ぶっきょうてき》な考《かんが》えとして、世界《せかい》は、「天上界《てんじょうかい》（天上《てんじょう》の世界《せかい》）」、「地上界《ちじょうかい》（地上《ちじょう》の世界《せかい》）」、「地下界《ちかかい》（地下《ちか》の世界《せかい》）」の三《みっ》つに分類《ぶんるい》されると考《かんが》えています。また、地上界《ちじょうかい》は、「この世《よ》」とか「人間界《にんげんかい》」とも呼《よ》ばれます。

と思って、ツバメに、天上界《てんじょうかい》から火《ひ》をもってくるようにいいました。

ツバメは、

「はい、そうしよう」

といって、飛《と》んで天上界《てんじょうかい》に着《つ》くと、ちょうど天上界《てんじょうかい》の家《いえ》の人《ひと》たちは、夕食《ゆうしょく》をつくっている時間《じかん》だったのです。

ツバメは、ある家《いえ》の*2天窓《てんまど》のおおいのすき間《ま》から飛《と》びこんで、炭火《すみび》をくちばしで、つまみながらうばって、飛《と》び立《た》とうとしたそのとき、かまどに火《ひ》をつけて、火《ひ》ばさみを手《て》にもっていた家《いえ》の奥《おく》さんが、

「火泥棒《ひどろぼう》だ!」

とさけんで、火《ひ》ばさみで、ツバメのしっぽをはさんでしまいました。

すると、ツバメは、急《きゅう》に飛《と》び立《た》ったため、しっぽの羽《はね》が、火《ひ》ばさみにはさまったまま、ぬけ落《お》ちたのです。

ツバメは、火《ひ》をくわえながら、天窓《てんまど》のおおいのすき間《ま》から飛《と》びだし、ずっと飛《と》び続《つづ》

*2 天窓《てんまど》…モンゴルのゲル(移動式《いどうしき》の家《いえ》)のてっぺんにある円形《えんけい》の木《き》の枠《わく》のことで、モンゴル語《ご》で、〝トーノ〟(toono)といいます。かまどの煙《けむり》を出《だ》したり、日光《にっこう》をとり入《い》れたりします。

けて、この地上界《ちじょうかい》の人《ひと》たちのところに、火《ひ》をもってきてくれたそうです。

ツバメは、今日《こんにち》まで、しっぽがふたまたに分《わ》かれているのは、当時《とうじ》、天上界《てんじょうかい》の家《いえ》で、しっぽの羽《はね》をぐいっと引《ひ》きぬかれたからだそうです。

この世《よ》の地下《ちか》にある、地下界《ちかかい》の人《ひと》たちは、夜《よる》、上《うえ》を見《み》ると、地上界《ちじょうかい》の人《ひと》たちがすでに火《ひ》をもっていたので、そのわけをたずね続《つづ》けた結果《けっか》、天上界《てんじょうかい》から火《ひ》をぬすんで、手《て》に入《い》れたことを知《し》り、今度《こんど》は、自分《じぶん》たちが地上界《ちじょうかい》から火《ひ》をぬすもうとしました。そして、〝つばさをもつ小《ちい》さなもの〟を行《い》かせようと話《はな》し合《あ》って、ガという夜《よる》、飛《と》ぶチョウを、地上界《ちじょうかい》に行《い》かせたのです。

ガは、火《ひ》の青《あお》い炎《ほのお》の先《さき》をつまんでぬすみ、人間《にんげん》に気《き》づかれないように、地下界《ちかかい》の人《ひと》たちのところに、もってきましたが、それは、炭火《すみび》のないただ青《あお》い炎《ほのお》だけだったので、地下界《ちかかい》の人《ひと》たちの火《ひ》は、熱《ねつ》もなくただ青《あお》くなったということです。

そのため、今日《こんにち》まで、ガは、夜《よる》になって火《ひ》を見《み》るやいなや、今度《こんど》こそは、炭火《すみび》を持《も》っていこうとして、火《ひ》に飛《と》びこんで死《し》んでしまうのだそうです。

〈訳者《やくしゃ》のひとこと〉

地上界《ちじょうかい》の私《わたし》たちの生活《せいかつ》が、もし地下界《ちかかい》の人《ひと》たちにすべて観察《かんさつ》されているとしたら、これからは、もっとまじめに生活《せいかつ》しなければなりませんね。

なぜ人間《にんげん》は家畜《かちく》を食《た》べるようになったの

もともと神《かみ》さまは、生《い》き物《もの》に食《た》べ物《もの》を割《わ》り当《あ》てるとき、

「人間《にんげん》と家畜《かちく》の両方《りょうほう》が食《た》べるように」

といって、草《くさ》をつくってくれました。

ところが、人間《にんげん》は、家畜《かちく》の足《あし》をしばり、自由《じゆう》に動《うご》けなくして、自分《じぶん》たちは、一番《いちばん》おいしい、上等《じょうとう》のものを選《えら》んで食《た》べていたので、神《かみ》さまは、

「家畜《かちく》は草《くさ》を食《た》べ、人間《にんげん》は家畜《かちく》を食《た》べていくように」

と、割《わ》り当《あ》てを決《き》めてくれました。

それ以来《いらい》、人間《にんげん》は、家畜《かちく》を食《た》べるようになったそうです。

ところが、オオカミが、おくれてやってきて、神《かみ》さまに、

「私《わたし》は何《なに》を食《た》べていけばいいのか」

とたずねたところ、神《かみ》さまは、すべての食《た》べ物《もの》を、すでに割《わ》り当《あ》て終《お》えたので、オオカミに、次《つぎ》のようにいいました。

「人間《にんげん》は、おまえに、ただでものをくれない。だから、自分《じぶん》の力《ちから》で食《た》べ物《もの》を見《み》つけて、自分《じぶん》で食《た》べなさい」

こうして、オオカミは、それ以来《いらい》、自分《じぶん》で家畜《かちく》をおそって食《た》べるようになったとのことです。


〈訳者《やくしゃ》のひとこと〉

私《わたし》たちが、毎日《まいにち》おいしい肉《にく》を食《た》べられるのも、すべて家畜《かちく》のぎせいの上《うえ》に成《な》り立《た》っているのですね。

なぜタカは人間《にんげん》を食《た》べなくなったの

むかしむかし、タカは、人間《にんげん》の頭《ず》がい骨《こつ》をくちばしで、ぐさっとつきさして、その脳《のう》みそを食《た》べていました。

そこで、世《よ》の中《なか》の万物《ばんぶつ》を創造《そうぞう》する天《てん》に対《たい》し、タカは、人間《にんげん》をつかまえて食《た》べていることへの許《ゆる》しをこうたそうです。

すると、天《てん》はいいました。

「もしおまえが、人間《にんげん》の頭《ず》がい骨《こつ》を割《わ》ることができるなら、食《た》べるがよい。ただし、死《し》んだ人間《にんげん》の頭《ず》がい骨《こつ》を、おまえがくちばしで、ばきっとつきさすことができればの話《はなし》だが」

そして、天《てん》は、死《し》んだ人間《にんげん》の頭《ず》がい骨《こつ》をそばに置《お》いて、座《すわ》りながら、タカに向《む》かっ

て、

「さあ、ためしてみなさい」

といいました。

ところが、タカが上空《じょうくう》に舞《ま》い上《あ》がる間《あいだ》に、天《てん》は、頭《ず》がい骨《こつ》を、白《しろ》い丸石《まるいし》とすりかえてしまいました。

そして、タカは、上空《じょうくう》から矢《や》のごとく、おそいかかってきて、白《しろ》い丸石《まるいし》を、粉々《こなごな》になるまでつきさして、意識《いしき》を失《うしな》ってたおれました。

すると、天《てん》は、タカのそばに、頭《ず》がい骨《こつ》を置《お》いて、粉々《こなごな》になった石《いし》を遠《とお》ざけました。

タカは、意識《いしき》を取《と》りもどして見《み》てみると、頭《ず》がい骨《こつ》は、完全《かんぜん》な状態《じょうたい》だったので、ひどく恥《は》じて、それ以来《いらい》、人間《にんげん》を食《た》べようとたくらむことを、すっかりやめてしまったそうです。

〈訳者《やくしゃ》のひとこと〉

天《てん》の情《なさ》け深《ぶか》い、機転《きてん》のきいた行動《こうどう》のおかげで、人間《にんげん》は、タカに食《た》べられずにすんだのですね。

なぜイヌは人間《にんげん》といっしょに暮《く》らすようになったの

むかしむかし、イヌは、友《とも》だちがいなくて一人《ひとり》ぼっちでした。

そこで、イヌは、仲《なか》のよい友《とも》だちをさがしに出《で》かけ、オオカミと出会《であ》ったそうです。

「オオカミさん、私《わたし》と二人《ふたり》でいっしょに暮《く》らしたらどうでしょう」

とたずねたところ、オオカミは、

「いいよ」

といって、いっしょに暮《く》らすようになりました。

イヌは、ある夜《よ》、遠《とお》くの物音《ものおと》を聞《き》き、一晩中《ひとばんじゅう》ほえて、オオカミをねむらせませんでした。

オオカミは、

「イヌよ、おまえは、ほえるな！　おまえの声《こえ》で、クマがやってくるかもしれない」

といいました。

イヌは、朝早《あさはや》く起《お》きて、オオカミが、ねている間《あいだ》に、そのままにして、今度《こんど》は、クマと友《とも》だちになるために出《で》かけていきました。

「オオカミが、クマをこわがっているということは、クマは、とても力《ちから》の強《つよ》い生《い》き物《もの》なんだろう」

と思《おも》って、イヌは、森《もり》の中《なか》を、クマをさがしに出《で》かけ、やっとのことでクマを見《み》つけて会《あ》いました。

イヌは、

「クマさん、私《わたし》は、あなたと友《とも》だちになるために、やってきました」

といったところ、クマは、いっしょに暮《く》らすことに同意《どうい》しました。

ある夜《よ》、イヌは、物音《ものおと》を聞《き》いたせいか、またもほえて、クマの平和《へいわ》をみだしたそうです。

クマは、

「おまえは、だまれ！　ライオンが、おまえの声《こえ》で、おれたちのところにやってくるかもしれない」

といいました。

イヌは、

「ライオンというのは、クマよりも力《ちから》の強《つよ》い生《い》き物《もの》なんだろう。ライオンのところにも行《い》って、友《とも》だちになろう」

と思《おも》って、クマと別《わか》れ、また出《で》かけました。

イヌは、ライオンを見《み》つけて会《あ》い、

「私《わたし》は、あなたといっしょに暮《く》らすために、やってきました」

といったところ、ライオンも同意《どうい》しました。

しかし、イヌは、またも身《み》につけた習慣《しゅうかん》で、夜《よる》ほえ、ライオンの平和《へいわ》をみだしました。

ライオンは、

「おまえは、さわぐな！　人間《にんげん》が刃物《はもの》をもってきて、おれたちを殺《ころ》してしまうぞ」

といいました。

イヌは、その次《つぎ》の日《ひ》の朝《あさ》、

「ライオンをこわがらせる、その人間《にんげん》という生《い》き物《もの》と友《とも》だちになろう」

と思《おも》って、またも出《で》かけました。

一人《ひとり》の人間《にんげん》と出会《であ》い、

「私《わたし》は、あなたといっしょに暮《く》らすために、やってきました」

といったところ、人間《にんげん》は、喜《よろこ》んで同意《どうい》し、いっしょに住《す》むようになりました。

ある夜《よ》、イヌがほえだすと、人間《にんげん》は、起《お》きてきて、

「よし、いけ！」

といって、イヌをけしかけました。

今回《こんかい》は、以前《いぜん》、出会《であ》ったオオカミやクマ、ライオンなどとはちがって、人間《にんげん》は、静《しず》

かにするようにと、しかるどころか、自分《じぶん》より力《ちから》の強《つよ》い他《ほか》の生《い》き物《もの》のことも、まったく口《くち》に出《だ》しませんでした。

そのため、イヌは、

「この人間《にんげん》よりも、もっと力《ちから》の強《つよ》い生《い》き物《もの》は、どこにもいないんだ」

と思《おも》って、それ以来《いらい》、人間《にんげん》と友《とも》だちになり、今日《こんにち》までいっしょに暮《く》らしているということです。


〈訳者《やくしゃ》のひとこと〉

イヌが、現在《げんざい》、人間《にんげん》のペットとなった背景《はいけい》には、過去《かこ》にさまざまなドラマがあったのですね。

なぜウマは人間《にんげん》の乗《の》り物《もの》になったの

ウマは、もともと人間《にんげん》に手《て》なずけられていなかったとき、草原《そうげん》で、自由気《じゆうき》ままに草《くさ》を食《は》んでいました。

ところが、あるとき、シカの群《む》れがやってきて、ウマの牧草地《ぼくそうち》を踏《ふ》みつぶし、草《くさ》を食《た》べたので、ウマはおこって、シカの後《あと》を追《お》いかけましたが、追《お》いつけませんでした。

ウマは、シカを追《お》いかけて、追《お》いつけなかったことに、ますますうらみをもって、

「シカから、どうやってかたきを取《と》るのか」

と、人間《にんげん》にたずねました。

人間《にんげん》は、

「おまえは、私《わたし》がつける鉄《てつ》の＊1くつわに、たえることができれば、私《わたし》は、おまえに

乗《の》って、おまえのかたきを取《と》ってあげることにしよう」
と約束《やくそく》しました。
ウマは、(野蛮《やばん》なシカから、かたきさえ取《と》れれば、他《ほか》のことはどうでもいいさ)と
思《おも》って、人間《にんげん》のいった通《とお》りに、だまってしたがい、鞍《くら》や*2馬《ば》ろくをつけさせ、その
結果《けっか》、人間《にんげん》に手《て》なずけられたそうです。
こうして、ウマは、シカから、かたきを取《と》ろうとして、人間《にんげん》の乗《の》り物《もの》になったわけ
ですが、後《あと》になって、やっとそのことに気《き》がついたということです。
一方《いっぽう》、人間《にんげん》は、ウマに、
「シカから、かたきを取《と》ってやる」
と約束《やくそく》した通《とお》り、それ以来《いらい》、ウマに乗《の》って、シカ狩《が》りをするようになったということ
です。

*1 くつわ…手綱《たづな》をつけるために、ウマの口《くち》にくわえさせる金属製《きんぞくせい》の道具《どうぐ》。
*2 馬《ば》ろく…ウマの頭《あたま》につけるくつわ、手綱《たづな》などをまとめて、こういいます。

〈訳者《やくしゃ》のひとこと〉

ウマは、もともとかしこい動物《どうぶつ》なのに、かたきを取《と》るという、よこしまな考《かんが》えのせいで、人間《にんげん》の乗《の》り物《もの》になってしまうとは、あさはかでしたね。

なぜヒツジの肩甲骨占《けんこうこつうらな》いはよくあたるの

むかしむかし、ある人《ひと》が、皇帝《こうてい》の娘《むすめ》を、どうやって嫁《よめ》にもらおうかと考《かんが》えました。

そこで、

「嫁《よめ》にもらう方法《ほうほう》は何《なに》かな。そういえば、ドゥルブド[*1]の旗《き》[*2]に、オイト・メルゲン・テヴェンという、かしこくて有名《ゆうめい》な者《もの》がいる。彼《かれ》にたのんで、つれてきてもらおう」

と決《き》めました。

そして、オイン・メルゲン・テヴェンにたずねました。

「おまえは、私《わたし》のために皇帝《こうてい》の娘《むすめ》をもらってきてくれるか」

すると、彼《かれ》は、

＊1 ドゥルブド…モンゴルの少数部族《しょうすうぶぞく》のひとつで、西《にし》モンゴル、現在《げんざい》のオブス県《けん》に居住《きょじゅう》します。

＊2 旗《き》…モンゴル語《ご》で〝ホショー〟(khoshuu) といい、モンゴルの土地《とち》と人民《じんみん》をまとめる行政単位《ぎょうせいたんい》です。

「よろしいですとも」

と答《こた》えました。

こうして、皇帝《こうてい》のアルタン姫《ひめ》をもらいに、オイン・メルゲン・テヴェンは、出《で》かけました。

皇帝《こうてい》の娘《むすめ》をあちこちいたるところの男《おとこ》たちが、嫁《よめ》にもらおうとしますが、まったく同《おな》じ緑色《みどりいろ》の、絹《きぬ》の[*3]デールを着《き》た八十人《はちじゅうにん》の女性《じょせい》がいて、誰《だれ》もその中《なか》から、娘《むすめ》を見分《みわ》けることができませんでした。

メルゲン・テヴェンは、その方法《ほうほう》をさぐり、皇帝《こうてい》のアルタン姫《ひめ》の世話《せわ》をし育《そだ》てたという老婆《ろうば》を見《み》つけだし、その人《ひと》と会《あ》って、

「アルタン姫《ひめ》を見分《みわ》ける特《とく》ちょうを教《おし》えてください」

とたずねたところ、老婆《ろうば》は、次《つぎ》のように答《こた》えました。

「誰《だれ》も皇帝《こうてい》のアルタン姫《ひめ》のことを人《ひと》に教《おし》えてはなりません。教《おし》えた者《もの》はみな、その場《ば》でつかまります。皇帝《こうてい》の〝黄金《おうごん》の書《しょ》〟は、たずねたいことを引《ひ》くと、答《こた》えてくれる魔力《まりょく》をもっているので、誰《だれ》が教《おし》えたのか、すぐにわかってしまうのです。だから、私《わたし》は決《けっ》していえません」

そこで、メルゲン・テヴェンは、いいました。

「それに対《たい》する方法《ほうほう》は、私《わたし》が考《かんが》えよう。皇帝《こうてい》の〝黄金《おうごん》の書《しょ》〟に、誰《だれ》が教《おし》えたのか、まったくわからないような占《うらな》い結果《けっか》を出《だ》させよう」

こうして、メルゲン・テヴェンは、まず地面《じめん》に穴《あな》をほり、老婆《ろうば》を中《なか》に入《い》れ、その上《うえ》に火《ひ》をたき、鍋《なべ》を置《お》いて水《みず》を入《い》れ、さらに、その中《なか》に鉄《てつ》のくだを差《さ》しこんで、くだの口《くち》を綿《わた》でくるんだのです。

そして、それをつかって、老婆《ろうば》にたずねました。

＊3 デール…モンゴルの民族衣装《みんぞくいしょう》のことです。性別《せいべつ》や部族《ぶぞく》、あるいは季節《きせつ》などによって、さまざまな種類《しゅるい》があります（90ページ参照《さんしょう》）。

「皇帝《こうてい》のアルタン姫《ひめ》は、どんな特《とく》ちょうをもっているのか、教《おし》えて」

すると、老婆《ろうば》は、

「皇帝《こうてい》のアルタン姫《ひめ》を笑《わら》わすことができれば、彼女《かのじょ》の歯《は》から、黄金《おうごん》の光《ひかり》がかがやくはずですよ」

と答《こた》えました。

メルゲン・テヴェンは、この情報《じょうほう》を得《え》てから、皇帝《こうてい》の宮殿《きゅうでん》に到着《とうちゃく》し、どうにかこうにかして、女性《じょせい》たちの住《す》まいに入《はい》りこみ、ふざけて楽《たの》しませ、みんなを笑《わら》わせたのです。

すると、一人《ひとり》の女性《じょせい》の歯《は》から、本当《ほんとう》に黄金《おうごん》の光《ひかり》が放《はな》たれたので、彼女《かのじょ》にこっそりと印《しるし》をつけて、帰《かえ》っていきました。

その次《つぎ》の日《ひ》、メルゲン・テヴェンは、

「皇帝《こうてい》のアルタン姫《ひめ》を嫁《よめ》にもらいたい」

と皇帝《こうてい》にお目《め》にかかったところ、皇帝《こうてい》は、

「まったく同《おな》じ服装《ふくそう》で、顔《かお》の似《に》た八十人《はちじゅうにん》の女性《じょせい》を、おまえの前《まえ》に歩《ある》かせよう。その中《なか》から、見分《みわ》けることができれば、めとるがよい」

といいました。

メルゲン・テヴェンは、前日《ぜんじつ》、印《しるし》をつけておいた女性《じょせい》の手《て》をひいて、

「この人《ひと》が、アルタン姫《ひめ》です」

といいました。

皇帝《こうてい》の家《いえ》の者《もの》たちは、ひどくおどろいて、

「こいつは、どうしてこんなに簡単《かんたん》に見《み》つけられたのか。誰《だれ》かが教《おし》えてあげたのか」

といいあって、皇帝《こうてい》の〝黄金《おうごん》の書《しょ》〟を引《ひ》かせたのです。

すると、次《つぎ》のような占《うらな》い結果《けっか》が出《で》ました。

「おしりは土《つち》で、体《からだ》は火《ひ》で、胸《むね》は水《みず》で、中心《ちゅうしん》は鉄《てつ》で、頭《あたま》は綿《わた》でできた人間《にんげん》が、教《おし》えたのです」

皇帝《こうてい》は、賢者《けんじゃ》や優秀《ゆうしゅう》な者《もの》たちを集《あつ》め、

「これは、いったい何《なん》のことだ」

とたずねましたが、彼《かれ》らは、

「こんな人間《にんげん》は、いやしない」

といいあい、皇帝《こうてい》も激《はげ》しくおこって、

「こいつは、何《なに》もわからなくなってしまったんだ」

といって、〝黄金《おうごん》の書《しょ》〟を火《ひ》に入《い》れて、燃《も》やしてしまったのです。

〝黄金《おうごん》の書《しょ》〟の燃《も》えた灰《はい》を、ヒツジがなめたために、それ以来《いらい》、ヒツジの＊4肩甲骨《けんこうこつ》占《うらな》いは、とてもあたるようになったということです。

＊4　肩甲骨占《けんこうこつうらな》い…モンゴルでは、ヒツジの肩甲骨《けんこうこつ》を占《うらな》いに用《もち》います。火《ひ》であぶり、そのひび割《わ》れの状態《じょうたい》によって、占《うらな》いの結果《けっか》を出《だ》します。

〈訳者《やくしゃ》のひとこと〉

むかし、英単語《えいたんご》を覚《おぼ》えるのに、覚《おぼ》えたページを破《やぶ》って食《た》べると、しっかり覚《おぼ》えられるという話《はなし》がありましたが、なんだかそれに通《つう》じるものがあります。

なぜモンゴルで民話《みんわ》がうまれたの

もう何年《なんねん》もずっとむかしの話《はなし》ですが、モンゴル人《じん》の間《あいだ》で、おそろしい黒死病《こくしびょう》と呼《よ》ばれる[*1]ペストが流行《りゅうこう》し、数百《すうひゃく》、数千人《すうせんにん》もの人間《にんげん》が、大量《たいりょう》になくなったそうです。

無事《ぶじ》生《い》き残《のこ》った者《もの》は、病気《びょうき》になった者《もの》のことを、

「運命《うんめい》にまかせよう」

とほったらかしにし、命《いのち》からがらにげ出《だ》したそうです。

十五歳《じゅうごさい》の若者《わかもの》、タルワーも、一人《ひとり》でほったらかしに捨《す》てられたうちの一人《ひとり》でした。

彼《かれ》は気《き》を失《うしな》ったとき、魂《たましい》がその肉体《にくたい》からぬけだし、地獄《じごく》の[*2]えんま大王《だいおう》のところに行《い》きました。

えんま大王《だいおう》は、その若者《わかもの》の魂《たましい》を見《み》て、ひどくおどろき、

*1 ペスト…ペスト菌《きん》に感染《かんせん》しておこる伝染病《でんせんびょう》。モンゴルでは、タルバガを主《おも》な感染源《かんせんげん》として毎年《まいとし》どこかで発生《はっせい》します。

*2 えんま大王《だいおう》…仏教《ぶっきょう》において、なくなった人《ひと》の魂《たましい》を支配《しはい》し、生前《せいぜん》の行《おこな》いの善悪《ぜんあく》を審判《しんぱん》する地獄《じごく》の王《おう》のことです。モンゴル語《ご》で、〝エルレグ ハーン〟(erleg khaan) といいます。

「死《し》んでいない肉体《にくたい》を置《お》き去《ざ》りにして、どうしてやってきたのか」

とたずねました。

魂《たましい》は、

「僕《ぼく》の肉体《にくたい》は、すでに死《し》んだものとみなされ捨《す》てられたので、僕《ぼく》は、完全《かんぜん》に死《し》ぬのを待《ま》たずに、やってきました」

と答《こた》えました。

えんま大王《だいおう》は、その魂《たましい》がこんなに素直《すなお》で、がまん強《づよ》いことに、たいそう感心《かんしん》して、次《つぎ》のようにいいいました。

「おまえは、まだここにくるときではない。自分《じぶん》の肉体《にくたい》にもどっていって、お入《はい》りなさい。だが、もどっていく前《まえ》に、私《わたし》から何《なん》でもほしいものを取《と》るがよい」

といって、地獄《じごく》の中《なか》を連《つ》れていきました。

そこには、富《とみ》やぜいたく、幸運《こううん》、楽《たの》しみ、満腹《まんぷく》、喜《よろこ》び、苦《くる》しみ、涙《なみだ》、娯楽《ごらく》、笑《わら》いや遊《あそ》び、歌《うた》や音楽《おんがく》、民話《みんわ》や伝説《でんせつ》、踊《おど》りなど、人生《じんせい》で起《お》こりうるすべてのものが完全《かんぜん》にそろっていました。

タルワーの魂《たましい》は、それらすべてを見《み》て、その中《なか》から民話《みんわ》を選《えら》びました。えんま大王《だいおう》は、彼《かれ》に民話《みんわ》をあたえて、その魂《たましい》を人間界《にんげんかい》にもどしました。

魂《たましい》が、命《いのち》のなくなった肉体《にくたい》にもどっていくと、カラスがすでに彼《かれ》の目《め》をくりぬいてしまっていたのです。生《う》まれもった肉体《にくたい》が、こんな姿《すがた》になったのを見《み》て、タルワーは、とても残念《ざんねん》がりましたが、えんま大王《だいおう》の言葉《ことば》に、あえてそむくことはできませんでした。しかたなく魂《たましい》は、そのまま肉体《にくたい》に入《はい》っていきまし

た。

タルワーは、その後《ご》、長生《ながい》きして、世界《せかい》中《じゅう》の民話《みんわ》や占《うらな》いに熟知《じゅくち》するようになりました。目《め》が見《み》えないのに、未来《みらい》のことを予知《よち》したのです。彼《かれ》は、*3ソホル・タルワーとして世《よ》に知《し》られ、モンゴル全土《ぜんど》を歩《ある》き回《まわ》り、民話《みんわ》を話《はな》しながら、民衆《みんしゅう》を教《おし》えさとしたのです。

こうして、モンゴル人《じん》の間《あいだ》でそれ以来《いらい》、民話《みんわ》が話《はな》されるようになったということです。

*3 ソホル・タルワー…モンゴル語《ご》で、〝ソホル〟(sokhor) は「目《め》の不自由《ふじゆう》な」の意味《いみ》で、タルワーが本名《ほんみょう》です。

〈訳者《やくしゃ》のひとこと〉

モンゴルの民話《みんわ》を読《よ》み聞《き》きするたびに、実《じつ》は、ソホル・タルワーのような純真《じゅんしん》な若者《わかもの》のおかげだと考《かんが》えると、思《おも》わず感謝《かんしゃ》の気持《きも》ちがわいてきます。

モンゴルの文化5

なぜモンゴル人《じん》は動物《どうぶつ》のお話《はなし》が大好《だいす》きなの

この絵本《えほん》には、たくさんの動物《どうぶつ》が登場《とうじょう》しますね。そう、モンゴルのお話《はなし》には、動物《どうぶつ》がたくさん出《で》てきます。それは、いったいなぜでしょうか。

「モンゴル人《じん》と五畜《ごちく》」のコラムで説明《せつめい》しましたが、モンゴル人《じん》は、むかしから、つねに家《か》畜《ちく》にかこまれ、しかも家畜《かちく》に助《たす》けられて、生活《せいかつ》してきました。着《き》るもの、食《た》べるもの、住《す》むところや生活《せいかつ》に必要《ひつよう》なものは、すべて家畜《かちく》から得《え》ています。そのため、家畜《かちく》は、自然《しぜん》のめぐみ、神《かみ》さまからのおくりものだと、モンゴル人《じん》は考《かんが》えています。

ひとことでいえば、モンゴル人《じん》は、大《おお》むかしから、大自然《だいしぜん》の中《なか》で、家畜《かちく》をはじめとする動物《どうぶつ》をよく観察《かんさつ》し、こよなく愛《あい》してきたために、動物《どうぶつ》のお話《はなし》が、モンゴルにたくさんうまれたのでしょう。

また、だからこそ、モンゴル人《じん》は、動物《どうぶつ》のお話《はなし》が大好《だいす》きなのです。

ちなみに、みなさんがよく知《し》っているモンゴルのお話《はなし》といえば、「スーホの白《しろ》い馬《うま》」がありますね。少年《しょうねん》と馬《うま》の友情《ゆうじょう》をえがいた、馬頭琴《ばとうきん》の起源《きげん》についてのお話《はなし》です。実《じつ》は、これは、中国《ちゅうごく》・内《うち》モンゴル自治区《じちく》の、一部《いちぶ》のモンゴル族《ぞく》につたわるお話《はなし》で、モンゴル国《こく》では、「フフー・ナムジルの伝説《でんせつ》」というのが、馬頭琴《ばとうきん》の起源《きげん》についてのお話《はなし》として有名《ゆうめい》です。

モンゴルの動物《どうぶつ》のお話《はなし》には、さらに現実《げんじつ》に存在《そんざい》しない動物《どうぶつ》も、しばしば登場《とうじょう》します。人《ひと》から人《ひと》へと口《くち》でつたえられるとき、おもしろくするための工夫《くふう》もなされたのです。

たとえば、マンガスやガルーダ、竜《りゅう》などは、人間《にんげん》の想像上《そうぞうじょう》の動物《どうぶつ》です。マンガスは、モンゴル民話《みんわ》に現《あらわ》れる伝説上《でんせつじょう》の怪物《かいぶつ》です。ガルーダは、インドの伝説上《でんせつじょう》の神《かみ》の鳥《とり》で、モンゴルでは、鳥《とり》の王《おう》さまとして登場《とうじょう》します。竜《りゅう》は、中国北部《ちゅうごくほくぶ》の伝説上《でんせつじょう》の生《い》き物《もの》で、モンゴルや日本《にほん》にも、つたわりました。モンゴルでは、ロスという名前《なまえ》で、川《かわ》や湖《みずうみ》など、水《みず》の神《かみ》と

して知《し》られています。

モンゴルは、海《うみ》にかこまれた島国《しまぐに》の日本《にほん》とはちがって、シルクロードの真《ま》ん中《なか》に位置《いち》する国《くに》です。歴史上《れきしじょう》、日本《にほん》よりもいろいろな、異《こと》なる民族《みんぞく》と出会《であ》い交流《こうりゅう》し、さまざまなえいきょうを受《う》けてきました。

そのため、もともとモンゴルにいない動物《どうぶつ》や、ほかの民族《みんぞく》の想像上《そうぞうじょう》の動物《どうぶつ》なども、モンゴルのお話《はなし》に登場《とうじょう》するようになったというわけです。

おわりに

見渡《みわた》す限《かぎ》りの大草原《だいそうげん》、そこに点々《てんてん》と見《み》える白《しろ》い移動式住居《いどうしきじゅうきょ》のゲル、まわりには何百頭《なんびゃくとう》もの家畜《かちく》を放牧《ほうぼく》する遊牧民《ゆうぼくみん》の人《ひと》たち。一方《いっぽう》で、首都《しゅと》、ウランバートル（Ulaanbaatar《オラーンバータル》）では、アパートなどの建物《たてもの》で定住生活《ていじゅうせいかつ》をおくる都市《とし》の人《ひと》たち。このような二《ふた》つの暮《く》らしぶりがまざりあう国《くに》、それがモンゴルです。

日本《にほん》は、島国《しまぐに》で、四方《しほう》を海《うみ》にかこまれているのに対《たい》し、モンゴルは、大陸《たいりく》の国《くに》で、草原《そうげん》や砂漠《さばく》、森林《しんりん》やなだらかな山々《やまやま》でかこまれています。そのため、モンゴル人《じん》は、日本《にほん》に来《き》て、海《うみ》を見《み》るのにあこがれ、逆《ぎゃく》に日本人《にほんじん》は、モンゴルに行《い》って、草原《そうげん》を馬《うま》でかけることにあこがれます。また、日本《にほん》は、どこへ行《い》っても、人《ひと》、人《ひと》、人《ひと》ばかりで、人《ひと》のいないところをさがすのが大変《たいへん》なのに対《たい》し、モンゴルは、地方《ちほう》に行《い》くと、草原《そうげん》、草原《そうげん》、草原《そうげん》ばかりで、逆《ぎゃく》に人《ひと》のいるところをさがすのが大変《たいへん》なほどです。

このように、自然環境《しぜんかんきょう》が日本《にほん》とはまったく異《こと》なる国《くに》、モンゴルには、古《ふる》くから、人《ひと》の口《くち》から口《くち》へと語《かた》りつがれてきたむかし話《ばなし》がとても豊富《ほうふ》にあり、モンゴル民族《みんぞく》の心《こころ》の文化《ぶんか》を、長《なが》い間《あいだ》ささえてきました。

この本《ほん》は、そんな多《おお》くのむかし話《ばなし》の中《なか》から、たとえば、「なぜ夜空《よぞら》に天《あま》の川《がわ》がうまれたの」、「なぜラクダには角《つの》がないの」、「なぜ人間《にんげん》はことばをもつようになったの」などといった、子《こ》どものころに、誰《だれ》もがいだく素朴《そぼく》な問《と》いかけ、つまり「なぜ〜は…なの」を、すべて「なぜなぜ話《ばなし》」といった形《かたち》で編集《へんしゅう》し、まとめあげたものです。

「なぜなぜ話《ばなし》」の特《とく》ちょうは何《なに》かといえば、たとえば、「なぜラクダには角《つの》がないの」を例《れい》にとると、誰《だれ》もが、「いつラクダに角《つの》があったの?」とまず不思議《ふしぎ》に思《おも》い、注意《ちゅうい》を引《ひ》かれることでしょう。つまり、ひとことでいうと、現実《げんじつ》をまったく逆《ぎゃく》に考《かんが》えるという「**発想《はっそう》の逆転《ぎゃくてん》**」と、その「**意外性《いがいせい》**」が一《ひと》つのセットになっている点《てん》にこそ、「なぜなぜ話《ばなし》」の特《とく》ちょうとおもしろみがあるのです。

「なぜなぜ話《ばなし》」は、古来《こらい》、モンゴル民族《みんぞく》につたわる天体《てんたい》、植物《しょくぶつ》、動物《どうぶつ》、人間《にんげん》などに対《たい》する観察力《かんさつりょく》や知恵《ちえ》の豊《ゆた》かさの結晶《けっしょう》といえます。

また、お話《はなし》の中《なか》には、モンゴルならではのキャラクター、たとえば、人間《にんげん》を食《た》べるおそろしい怪物《かいぶつ》のマンガスや、鳥《とり》の王《おう》さまのガルーダ、さらにはウマ、ラクダ、ヒツジ、タルバガなどの家畜《かちく》や動物《どうぶつ》、万物《ばんぶつ》を創造《そうぞう》する神《かみ》さまなどが登場《とうじょう》します。

モンゴルの人《ひと》たちは、むかし話《ばなし》のことを、しばしば次《つぎ》のように表現《ひょうげん》します。

むかし話《ばなし》から学《まな》ぶことはたくさんある。

むかし話《ばなし》から聞《き》くことはたくさんある。

（モンゴル語《ご》）　（読《よ》み方《かた》）

Үлгэрээс сурах юм их бий.　ウルゲ*レース　ソラフ　ユム　イフ　ビー

Үлгэрээс сонсох юм их бий.　ウルゲレース　ソンソフ　ユム　イフ　ビー

これは、モンゴル人《じん》が、日《ひ》ごろからむかし話《ばなし》をこよなく愛《あい》していることを、よく物語《ものがた》っています。

さらに、この本《ほん》では、「モンゴルのなぜなぜ話《ばなし》」のほかに、モンゴル全体《ぜんたい》の理解《りかい》をいっそう深《ふか》めるため、「モンゴルのことば」のコーナーをはじめ、遊牧民《ゆうぼくみん》の暮《く》らし、家畜《かちく》、ゲル、牛《ぎゅう》フン、モンゴルの遊《あそ》びなどのコラムを、同時《どうじ》につけました。

天体《てんたい》、植物《しょくぶつ》、動物《どうぶつ》、人間《にんげん》のなぜなぜ話《ばなし》のほん訳《やく》と、「モンゴルのことば」についてのコーナーを、私《わたし》が担当《たんとう》し、それ以外《いがい》のコラムの執筆《しっぴつ》と、モンゴル独特《どくとく》の画風《がふう》によるイラストを、思沁夫《スチンフ》が担当《たんとう》しました。

また、この本《ほん》の企画《きかく》から完成《かんせい》までの間《あいだ》に、さまざまな貴重《きちょう》なご意見《いけん》をいただき、大変《たいへん》お世話《せわ》になった大阪大学出版会《おおさかだいがくしゅっぱんかい》、編集者《へんしゅうしゃ》の栗原佐智子《くりはらさちこ》さんに、心《こころ》からお礼申《れいもう》し上《あ》げます。

なお、この本《ほん》を二〇一四年《ねん》の春《はる》、天《てん》に召《め》された母《はは》、塩谷澄江《しおたにすみえ》にささげることをおゆるしください。

『モンゴルのことばとなぜなぜ話《ばなし》』は、モンゴル民族《みんぞく》から次《つぎ》の世代《せだい》の人《ひと》たちへの、ささやかなおくり物《もの》です。モンゴル民族《みんぞく》の知恵《ちえ》をつたえることで、世界《せかい》の文化《ぶんか》の多様性《たようせい》に、少《すこ》しでも関心《かんしん》をもっていただければ幸《さいわ》いです。

最後《さいご》に、この本《ほん》を読《よ》んでから、ぜひ一度《いちど》、人々《ひとびと》が自然《しぜん》とともにたくましく生《い》きている、心豊《こころゆた》かな国《くに》、モンゴルを訪《おとず》れてみてください。そして、満天《まんてん》の星空《ほしぞら》の下《した》、田舎《いなか》のゲルにとまって、ゆったりとした時間《じかん》をお過《す》ごしください。きっとモンゴルという国《くに》は、みなさんをあたたかく、しかもやさしく包《つつ》みこんでくれることでしょう。

二〇一四年《ねん》九月吉日《がっきちじつ》

塩谷《しおたに》 茂樹《しげき》

＊モンゴル語《ご》の読《よ》み方《かた》につけた波線《なみせん》は正《ただ》しく発音《はつおん》するための記号《きごう》です。この本《ほん》の後《うし》ろにある「ことばのきまりと特《とく》ちょう」（227ページ）を見《み》てください。

なぜなぜ話《ばなし》の出典《しゅってん》

本書《ほんしょ》は、下記《かき》の出典《しゅってん》から、著作者《ちょさくしゃ》の許可《きょか》を得《え》て翻訳《ほんやく》、編集《へんしゅう》しました。

Гаадамба, Ш., Цэрэнсодном, Д., 1978, *Монгол ардын аман зохиолын дээж бичиг,* Улаанбаатар.

Цэрэнсодном, Д., 1989, *Монгол ардын домог үлгэр,* Улаанбаатар.

Цэрэнсодном, Д., 2011, *Монгол аман зохиолын тайлбарт дээж бичиг,* Улаанбаатар.

Шинжлэх Ухааны Академийн Хэл Зохиолын Хүрээлэн, 1982, *Монгол ардын үлгэр,* Улаанбаатар.

ここから「モンゴルのことば」になります。
いちばんうしろからページをめくってくださいね。

モンゴルのことば

文《も》 字《じ》

1．モンゴル語《ご》の主《おも》な二《ふた》つの文字《もじ》

モンゴル語《ご》を表記《ひょうき》するために使《つか》われる文字《もじ》には、主《おも》にモンゴル文字《もじ》とキリル文字《もじ》の二《ふた》つがあります。

モンゴル文字《もじ》

モンゴル文字《もじ》は、「ウイグル式《しき》モンゴル文字《もじ》」ともいわれ、13世紀《せいき》のチンギスハーンの時代《じだい》から、およそ800年《ねん》にわたって用《もち》いられてきたモンゴル民族《みんぞく》の伝統的《でんとうてき》な文字《もじ》で、左《ひだり》から右《みぎ》へ縦書《たてが》きで書《か》かれます。

この文字《もじ》は、13世紀当《せいきとう》

時《じ》の古《ふる》い時代《じだい》の発音《はつおん》を表《あらわ》した「歴史的《れきしてき》つづり字《じ》」であるため、現在《げんざい》の話《はな》し言葉《ことば》の発音《はつおん》との差《さ》が大《おお》きいという難《むずか》しさがあります。

主《おも》に中国《ちゅうごく》・内《うち》モンゴル自治区《じちく》を中心《ちゅうしん》に居住《きょじゅう》するモンゴル族《ぞく》（中国《ちゅうごく》の55の少数民族《しょうすうみんぞく》の一《ひと》つ）によって使用《しよう》されていますが、モンゴル国《こく》でも、1990年代初《ねんだいはじ》めの民主化以降《みんしゅかいこう》になって、ようやく義務教育《ぎむきょういく》として小学校《しょうがっこう》で教《おし》えられるようになりました。

キリル文字《もじ》

キリル文字《もじ》は、1941年《ねん》から現在《げんざい》まで用《もち》いられているモンゴル国《こく》の公用文字《こうようもじ》で、もともとは、ロシア語《ご》のアルファベットに、新《あら》たにө（ウ）とү（ウ）の2文字《もじ》を加《くわ》えた、合計《ごうけい》35文字《もじ》からなっています。

左《ひだり》から右《みぎ》へ横書《よこが》きで書《か》かれ、「口語《こうご》（話《はな》し言葉《ことば》）的《てき》つづり字《じ》」であるため、現在《げんざい》の発音《はつおん》により近《ちか》いという利点《りてん》があり、社会主義時代《しゃかいしゅぎじだい》には、国民《こくみん》の識字率《しきじりつ》を急速《きゅうそく》に高《たか》め、教育《きょういく》の発展《はってん》に大《おお》いに貢献《こうけん》しました。

「モンゴル国《こく》」を、縦書《たてが》きのモンゴル文字《もじ》と横書《よこが》きのキリル文字《もじ》で書《か》いてみましょう。発音《はつおん》はいずれも「モンゴルオルス」です。

МОНГОЛ УЛС

モンゴル文字《もじ》　キリル文字《もじ》

さらに一例《いちれい》をあげて、説明《せつめい》しましょう。たとえば、《山《やま》》は、モンゴル語《ご》で、現在《げんざい》の発音《はつおん》は「オール」ですが、これは、モンゴル文字《もじ》とキリル文字《もじ》で、それぞれ次《つぎ》のように書《か》かれます。

モンゴル文字《もじ》

（読《よ》み方《かた》）

ア
ゲ
オ
エル
ア

→

発音《はつおん》は「アゴラ」
（現在《げんざい》の発音《はつおん》と合《あ》わない）

キリル文字《もじ》

у у л → уул

（読《よ》み方《かた》） オ オ エル

発音《はつおん》は「オール」
（現在《げんざい》の発音《はつおん》と同《おな》じ）

2. 知《し》っておきたい二《ふた》つの有名《ゆうめい》な古《ふる》い文献《ぶんけん》

弓《ゆみ》の大会《たいかい》の偉業《いぎょう》をたたえる、モンゴル文字《もじ》による最古《さいこ》の文献《ぶんけん》「チンギスハーン碑文《ひぶん》」と、モンゴル族《ぞく》の始祖伝説《しそでんせつ》を伝《つた》える、漢字《かんじ》による最大《さいだい》の口語文献《こうごぶんけん》「元朝秘史《げんちょうひし》」の二《ふた》つが、特《とく》に有名《ゆうめい》です。

モンゴル文字《もじ》による最古《さいこ》の文献《ぶんけん》

Činggis qan-i

チンギスハーンが

Sartaγul irge dauliǰu baγuǰu qamuγ Mongγul ulus-un

サルトールの民《たみ》を征服《せいふく》 宿営《しゅくえい》し、 全《ぜん》 モンゴル 国《こく》の

noyad-i Buqa Suǰiqai quriγsan-tur

領主《りょうしゅ》たちがブカ・スジカイに会《かい》した時《とき》、

Yisüngke ontudurun γurban ǰaγud γučin tabun aldas

イスンケが 弓《ゆみ》を射《い》るに、 三《さん》 百《びゃく》 三十《さんじゅう》 五《ご》 尋《ひろ》

-tur ontudlaγa.

に 弓《ゆみ》を射《い》た。

これは、モンゴル文字《もじ》で石碑《せきひ》に刻《きざ》まれたモンゴル語最古《ごさいこ》の文献《ぶんけん》（1225年頃《ねんごろ》）を、読《よ》みやすいようにモンゴル文字《もじ》

からアルファベットの文《も》字《じ》に置《お》きかえたものです。一般《いっぱん》には「チンギスハーン碑文《ひぶん》」（あるいは、その内容《ないよう》から「イスンケ碑《ひ》文《ぶん》」）と呼《よ》ばれています。

内容《ないよう》は、チンギスハーンがサルトールの民《たみ》を征《せい》服《ふく》し、全《ぜん》モンゴル国《こく》の領主《りょうしゅ》たちがチンギスハーンのもとに集《あつ》まったときに、弓《ゆみ》の大会《たいかい》が催《もよお》され、イスンケ（チンギスハーンの弟《おとうと》カサルの子《こ》で、チンギスハーンのおいにあたる）が、335尋《ひろ》（1尋《ひろ》は、両手《りょうて》を横《よこ》に広《ひろ》げた長《なが》さの単位《たんい》で、仮《かり》に1.5メートルと短《みじか》めに見積《みつ》もっても、現在《げんざい》の502.5メートルに相当《そうとう》します）の距離《きょり》を弓《ゆみ》で射《い》たというもので、一言《ひとこと》でいえば、チンギスハーンの御前《ごぜん》で、弓《ゆみ》の名手《めいしゅ》イスンケがなしとげた偉業《いぎょう》をたたえたものといえます。

左《ひだり》の石碑《せきひ》からとった拓本《たくほん》

チンギスハーン碑文《ひぶん》

漢字《かんじ》によるまとまった内容《ないよう》をもつ最大《さいだい》の口語《こうご》文献《ぶんけん》

Činggis qahān-nu huǰa'ūr

チンギスハーン　の　祖先《そせん》は、

de'ēre tenggeri-eče ǰaya'ātu töregsen börte čino aǰu'ū.

上《じょう》　天《てん》 より運命《うんめい》づけられて生《う》まれた「蒼《あお》き狼《おおかみ》」であった。

gergei inu qo'āi maral aǰi'āi. Tenggis ketülǰü irebe.

その妻《つま》は、「白《しろ》き牝鹿《めじか》」であった。テンギス湖《こ》を渡《わた》って来《き》た。

Onan müren-nü teri'ūn-e Burqan Qaldun-a nuntuɢlaǰu

オナン　河《がわ》　の 水源《すいげん》にある ブルカン・カルドゥン山《ざん》に 居住《きょじゅう》し

töregsen Batačiqan aǰu'ū.

生《う》まれたのがバタチカンであった。

これは、13 世紀《せいき》の前半《ぜんはん》から中頃《なかごろ》にかけて書《か》かれたとされる文献《ぶんけん》で、一般《いっぱん》には「元朝秘史《げんちょうひし》」、または「モンゴル秘《ひ》史《し》」と呼《よ》ばれています。ここでは、漢字《かんじ》からアルファベットの文字《もじ》に置《お》きかえています。

原典《げんてん》は、おそらくモンゴル文字《もじ》で書《か》かれたものと推定《すいてい》されますが、残念《ざんねん》ながら発見《はっけん》されていません。後《のち》に当時《とうじ》のモンゴル語《ご》の音《おと》を漢字《かんじ》で写《うつ》したもの（右上図《みぎうえず》）だけが現在《げんざい》につたわっており、中世《ちゅうせい》モンゴル語《ご》の、当時《とうじ》の発音《はつおん》がわかる

最大《さいだい》の文献《ぶんけん》です。

内容《ないよう》は、モンゴル族《ぞく》の始祖伝《しそでん》説《せつ》から始《はじ》まり、チンギスハーンを主人公《しゅじんこう》とする一代記《いちだいき》ですが、ここにあげたのは、まさにその最初《さいしょ》の部分《ぶぶん》で、モンゴル族《ぞく》の祖《そ》先《せん》が、草原《そうげん》を勇《いさ》ましくかける「蒼《あお》き狼《おおかみ》」と、美《うつく》しい姿《すがた》をした「白《しろ》き牝鹿《めじか》」であったとする有名《ゆうめい》なくだりです。

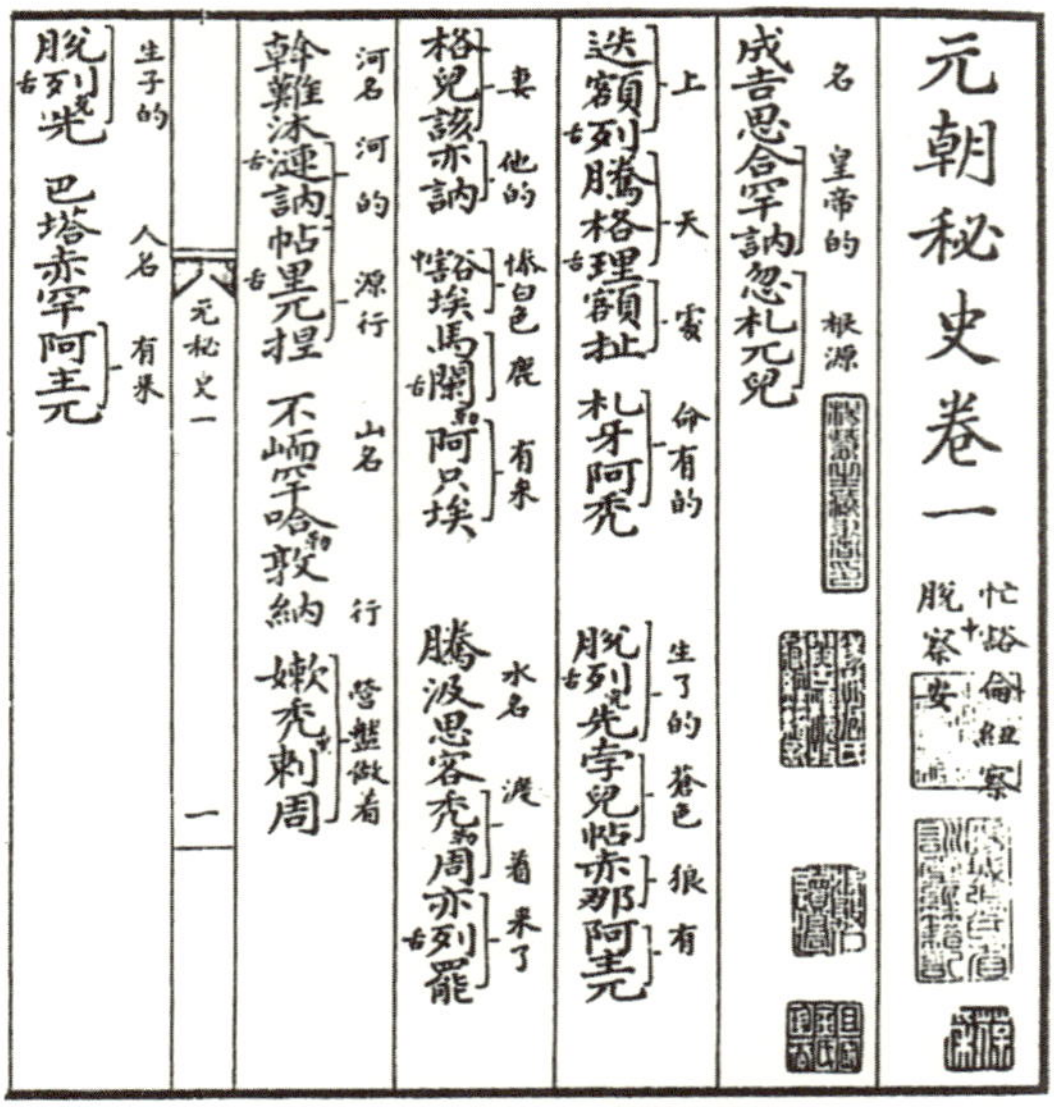
元朝秘史卷一
忙豁侖紐察脫察安
成吉思合罕訥忽札兒
迭額列騰格理額扯扎牙阿禿
脫列先孛兒帖赤那阿主兀
格兒該亦訥豁埃馬闌勒阿只埃
騰汲思客禿周亦列罷
斡難沐漣訥帖里兀捏不峏罕合勒敦納嫩禿刺周
元秘史一
脫列克先巴塔赤罕阿主兀

漢字《かんじ》で書《か》かれた元朝秘史《げんちょうひし》

なお、「蒼《あお》き狼《おおかみ》」は、チンギスハーンの生涯《しょうがい》をえがいた、作家《さっか》、井上靖《いのうえやすし》（1907-1991）の歴史小説《れきししょうせつ》のタイトルにもなっています。

モンゴル郵便《ゆうびん》の切手《きって》。左《ひだり》がオオカミシリーズ4種《しゅ》のひとつ「雄《おす》オオカミ」（1999年《ねん》12月《がつ》17日発行《にちはっこう》）。右《みぎ》がシカシリーズ4種《しゅ》のひとつ「牝《めす》ジカ」（1984年《ねん》12月《がつ》31日発行《にちはっこう》）。

● ことばのきまりと特《とく》ちょう ●

モンゴル国《こく》の標準語《ひょうじゅんご》であり、現在《げんざい》およそ240万人《まんにん》あまりの人々《ひとびと》によって話《はな》されている、通常《つうじょう》「モンゴル語《ご》ハルハ方言《ほうげん》」と呼《よ》ばれる言語《げんご》の特《とく》ちょうについて説明《せつめい》しましょう。

1. 単語《たんご》の並《なら》ぶ順序《じゅんじょ》

モンゴル語《ご》の語順《ごじゅん》は、基本的《きほんてき》には日本語《にほんご》と同《おな》じです。

主語《しゅご》（〜は）＋目的語《もくてきご》（〜を）＋動詞《どうし》（〜する）の語順《ごじゅん》をもっています。

（キリル文字《もじ》）	Би	саяхан	нэг	ном	авсан.
（読《よ》み方《かた》）	ビー	サイハン	ネグ	ノム	アヴサン
（訳《やく》）	私《わたし》（は）	最近《さいきん》	一冊《いっさつ》の	本《ほん》（を）	買《か》いました。
	［主語《しゅご》］			［目的語《もくてきご》］	［動詞《どうし》］

2. 母音《ぼいん》を分類《ぶんるい》する特《とく》ちょう

母音調和《ぼいんちょうわ》という母音《ぼいん》のクラス分《わ》けがあります。

モンゴル語《ご》ハルハ方言《ほうげん》は、7つの基本母音《きほんぼいん》をもち、次《つぎ》の表《ひょう》のように3つのクラスに分《わ》けられます。

男性母音《だんせいぼいん》	女性母音《じょせいぼいん》	中性母音《ちゅうせいぼいん》
а　о　у	э　ө　ү	и
ア　オ　オ	エ　ウ　ウ	イ

男性母音《だんせいぼいん》と女性母音《じょせいぼいん》は、一《ひと》つの単語《たんご》の中《なか》でいっしょに用《もち》いられることはなく、中性母音《ちゅうせいぼいん》は、男性母音《だんせいぼいん》、女性母音《じょせいぼいん》のいずれともいっしょに用《もち》いられる決《き》まりがあります。

たとえば、次《つぎ》のようになります。

оюутан　オヨータン《学生《がくせい》》

о オ、у オ、а ア は、すべて男性母音《だんせいぼいん》だけです。

өгүүлбэр　ウグール*ベル*《文《ぶん》》

ө ウ、ү ウ、э エ は、すべて女性母音《じょせいぼいん》だけです。

очих　オチフ《行《い》く》、**ирэх** イレフ《来《く》る》

и イ は、中性母音《ちゅうせいぼいん》で、男性母音《だんせいぼいん》 о オ、女性母音《じょせいぼいん》 э エ のいずれとも用《もち》いられます。

---

* モンゴル語《ご》のラ行《ぎょう》の発音《はつおん》は、舌先《したさき》を止《と》める音《おと》（л 音《おん》）を「ラ、リ、ル、レ、ロ」と、舌先《したさき》を震《ふる》わせる音《おと》（р 音《おん》）を「ラ、リ、ル、レ、ロ」と表記《ひょうき》することにします。

3. 単語《たんご》を組《く》み立《た》てる特《とく》ちょう

語幹《ごかん》＋接尾辞《せつびじ》＋語尾《ごび》の語構造《ごこうぞう》をもっています。

モンゴル語《ご》は、“膠着語《こうちゃくご》”と呼《よ》ばれ、自立形式《じりつけいしき》（単独《たんどく》で使《つか》える形《かたち》）の語幹《ごかん》（形《かたち》が変化《へんか》しない部分《ぶぶん》）の後《うし》ろに、付属形式《ふぞくけいしき》（それだけで使《つか》えない形《かたち》）の接尾辞《せつびじ》、語尾《ごび》を順《じゅん》にくっつけていくタイプの言語《げんご》です。

簡単《かんたん》にいうと、接尾辞《せつびじ》とは、「ある語《ご》から、さらに別《べつ》の語《ご》を作《つく》り出《だ》す要素《ようそ》」のことで、名詞《めいし》から動詞《どうし》や、動詞《どうし》から名詞《めいし》を作《つく》るものなどがあります。

また語尾《ごび》とは、「ある語《ご》にくっつけて、いろいろな意味《いみ》を表《あらわ》す要素《ようそ》」のことで、名詞《めいし》の格語尾《かくごび》（「ネコのしっぽ」の「の」や、「ネズミをとる」の「を」など）や動詞語尾《どうしごび》（連体《れんたい》・連用《れんよう》・終止《しゅうし》・命令願望語尾《めいれいがんぼうごび》の四《よっ》つがあり、「食《た》べる」、「食《た》べて」、「食《た》べた」、「食《た》べろ」のように変化《へんか》させる）などがあります。

語幹《ごかん》 + 接尾辞《せつびじ》の例《れい》

1. 名詞《めいし》から動詞《どうし》を作《つく》る接尾辞《せつびじ》

дуу ドー* 《声《こえ》、音《おと》*》 ➡ дууда- ドーダ（…）*《呼《よ》ぶ》

дуу ドー* 《歌《うた》》 ➡ дуула- ドーラ（…）《歌《うた》う》

2. 動詞《どうし》から名詞《めいし》を作《つく》る接尾辞《せつびじ》

зура- ゾラ（…）《描《えが》く》 ➡ зураг ゾラグ《絵《え》、写真《しゃしん》》

зура- ゾラ（…）《描《えが》く》 ➡ зураач ゾラーチ《画家《がか》》

語幹《ごかん》 + 接尾辞《せつびじ》 + 語尾《ごび》の例《れい》

1. 名詞《めいし》の格語尾《かくごび》の場合《ばあい》

хонь ホニ《ヒツジ》➡ хоньчин ホニチン《ヒツジ飼《か》い》

（-чин は、名詞《めいし》から名詞《めいし》を作《つく》る接尾辞《せつびじ》）

хоньчин	ホニチン	（主格《しゅかく》）	《ヒツジ飼《か》いは / が》
хоньчны	ホニチニー	（属格《ぞっかく》）	《ヒツジ飼《か》いの》
хоньчинд	ホニチンドゥ	（与位格《よいかく》）	《ヒツジ飼《か》いに》
хоньчныг	ホニチニーグ	（対格《たいかく》）	《ヒツジ飼《か》いを》
хоньчноос	ホニチノース	（奪格《だっかく》）	《ヒツジ飼《か》いから / より》
хоньчноор	ホニチノール	（造格《ぞうかく》）	《ヒツジ飼《か》いで / によって》
хоньчинтой	ホニチントィ	（共同格《きょうどうかく》）	《ヒツジ飼《か》いと》

* カタカナは読《よ》み方《かた》、《　》は意味《いみ》、（…）は形《かたち》が変化《へんか》する部分《ぶぶん》を表《あらわ》しています。

2. 動詞語尾《どうしごび》の場合《ばあい》

дуу ドー《声《こえ》、音《おと》》➡ дууда- ドーダ（…）《呼《よ》ぶ》

（-да- は、名詞《めいし》から動詞《どうし》を作《つく》る接尾辞《せつびじ》）

дуудах	ドーダフ	（連体語尾《れんたいごび》・未来《みらい》）	《呼《よ》ぶ～》
дуудаж	ドーダジ	（連用語尾《れんようごび》・結合《けつごう》）	《呼《よ》んで》
дуудав	ドーダヴ	（終止語尾《しゅうしごび》・単純過去《たんじゅんかこ》）	《呼《よ》んだ》
дуудаарай	ドーダーラィ	（命令語尾《めいれいごび》・２人称《にんしょう》）	《呼《よ》んでください》

4. 正《ただ》しく発音《はつおん》するための注意《ちゅうい》

モンゴル語《ご》の発音《はつおん》には、「л（エル）」（Ｌ音《エルおん》）と「р（エル）」（Ｒ音《アールおん》）の区別《くべつ》があります。

日本語《にほんご》は、ラ行《ぎょう》だけであって、Ｌ音《エルおん》とＲ音《アールおん》の区別《くべつ》がありませんが、モンゴル語《ご》は、それらの区別《くべつ》があるので、両者《りょうしゃ》をはっきり区別《くべつ》して発音《はつおん》しなければ、まったく通《つう》じないことになります。

モンゴル語《ご》のл（エル）は、舌先《したさき》を歯《は》の後《うし》ろにあて、息《いき》を口《くち》の両側《りょうがわ》から強《つよ》く押《お》し出《だ》すのに対《たい》し、р（エル）は、舌《した》先《さき》を強《つよ》く震《ふる》わせて出《だ》す音《おと》です。

гал ガル《火《ひ》》 / гар ガル《手《て》》

дэл デル《たてがみ》 / дэр デル《まくら》

また、モンゴル語《ご》は、アルタイ諸言語《しょげんご》のなかまで、単語《たんご》

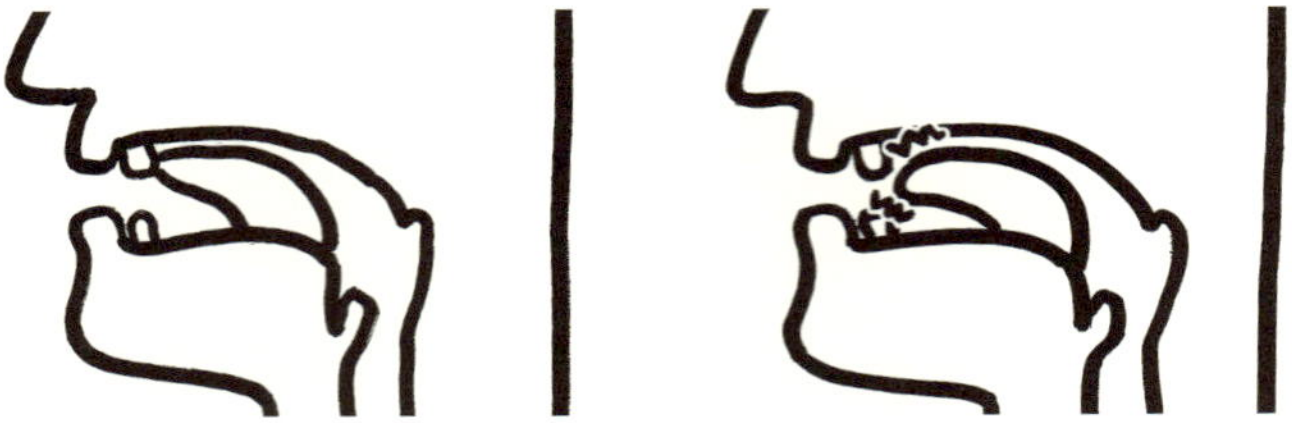

л（エル）　　　　　　　　р（エル）

л は左《ひだり》、р は右《みぎ》の図《ず》のように音《おと》を出《だ》す

の始《はじ》めに р（エル）が立《た》たないという特《とく》ちょうがあります。そのため、р（エル）で始《はじ》まる単語《たんご》は、一般《いっぱん》に外来語《がいらいご》であり、話《はな》し言葉《ことば》では、通常《つうじょう》、単語《たんご》の始《はじ》めに母音《ぼいん》を付《つ》けて発音《はつおん》します。

радио アラージォ《ラジオ》

ресторан エレストラーン《レストラン》

5. 遊牧社会《ゆうぼくしゃかい》ならではの豊富《ほうふ》な単語《たんご》

モンゴルは、古来《こらい》、家畜《かちく》を放牧《ほうぼく》しながら、季節《きせつ》ごとに移《い》動《どう》する民族《みんぞく》で、とりわけウマ・ウシ・ラクダ・ヒツジ・ヤギの五種類《ごしゅるい》の家畜《かちく》、いわゆる「五畜《ごちく》」（таван хошуу мал タヴァン ホショー マル）を、非常《ひじょう》に大切《たいせつ》にしてきた歴史《れきし》があります。

そのため、五畜《ごちく》の名前《なまえ》も、総称《そうしょう》・オス（種《たね》～ / 去勢《きょせい》～）・メス・子《こ》（0-1 歳《さい》 / 1-2 歳《さい》）の６つグループで、それ

それすべて異《こと》なるという特《とく》ちょうをもっています。

これは、たとえば日本《にほん》では、食《た》べている魚《さかな》の種類《しゅるい》が多《おお》く、おすし屋《や》さんで、「マグロをください」とか「イカをください」などと個々《ここ》の魚《さかな》の名前《なまえ》で区別《くべつ》して注文《ちゅうもん》することはあっても、決《けっ》して「魚《さかな》をください」といわないのと同《おな》じです。

たとえば、ウマは、モンゴル語《ご》で、次《つぎ》のように区別《くべつ》していいます。

総称《そうしょう》	オス		メス	子《こ》	
	種《たね》〜	去勢《きょせい》〜		0-1歳《さい》	1-2歳《さい》
адуу アドー	**азарга** アズラグ	**морь** モリ	**гүү** グー	**унага** オナガ	**даага** ダーガ

また、五畜《ごちく》に対《たい》して呼《よ》びかけるかけ声《ごえ》も、基本的《きほんてき》には、場面《ばめん》ごとに異《こと》なります。

たとえば、ウマの場合《ばあい》は、次《つぎ》のようです。

呼《よ》ぶとき	追《お》うとき	どなるとき
гуруй гуруй ゴロィ　ゴロィ	**чүү чүү** チュー　チュー	**хайя хайя** ハィイ　ハィイ

6. 時代《じだい》とともに変化《へんか》する単語《たんご》

チンギスハーンが活躍《かつやく》していた13世紀当時《せいきとうじ》の中世《ちゅうせい》モンゴル語《ご》と、現代《げんだい》モンゴル語《ご》を比較《ひかく》してみると、使《つか》う単語《たんご》が異《こと》なっていることがあります。これは、時《とき》には身体名称《しんたいめいしょう》（体《からだ》の部位《ぶい》）や自然現象《しぜんげんしょう》などの基本的《きほんてき》な単語《たんご》におよぶこともあり、時代《じだい》とともに使《つか》う単語《たんご》が変化《へんか》してきたことがうかがわれます。

意味《いみ》	中世《ちゅうせい》モンゴル語《ご》	現代《げんだい》モンゴル語《ご》
頭《あたま》	hekin ヘキン	толгой トルゴィ
眉《まゆ》	hanisqa ハニスカ	хөмсөг フムスグ
雨《あめ》	qura クラ	бороо ボロー
風《かぜ》	kei ケイ	салхи サルヒ
煙《けむり》	huni フニ	утаа オター
クマ	ötöge ウトゥゲ	баавгай バーヴガィ
鞭《むち》	mina'ā ミナアー	ташуур タショール

7. 豊富《ほうふ》なむかし話《ばなし》、ことわざ、なぞなぞ

モンゴルでは、人《ひと》の口《くち》から口《くち》へと伝承《でんしょう》されていく文学《ぶんがく》、すなわち「口承文芸《こうしょうぶんげい》」が非常《ひじょう》に発達《はったつ》しており、むかし話《ばなし》以外《いがい》にも、ことわざやなぞなぞなどが豊富《ほうふ》にあります。

「ことわざ」の例《れい》

Хүн болох багаасаа　フン　ボロフ　バガーサー

Хүлэг болох унаганаасаа　フレグ　ボロフ　オナガナーサー

（訳《やく》）人《ひと》となるのは幼少《ようしょう》から

駿馬《しゅんめ》となるのは子馬《こうま》から

才能《さいのう》のある人《ひと》は、すでに子《こ》どものときから、優《すぐ》れたところが見《み》られるという意味《いみ》です。日本語《にほんご》の「栴檀《せんだん》は双葉《ふたば》より芳《かんば》し」などにあたります。

「なぞなぞ」の例《れい》

Эрхийн чинээ биетэй　エルヒーン　チネー　ビイティ

Эрхэм дөрвөн нэртэй　エルヘム　ドゥルヴン　ネルティ

Тэр юу вэ?　テル　ヨー　ヴェ

（訳《やく》）親指大《おやゆびだい》の体《からだ》をした

尊《とうと》い四《よっ》つの名前《なまえ》あり

それなーに？　（→ 答：**шагай**　シャガィ　くるぶしの骨《ほね》）

シャガィ（家畜《かちく》のくるぶしの骨《ほね》）は、むかしからモンゴルの子《こ》どもの遊《あそ》び道具《どうぐ》の一《ひと》つとしてよく用《もち》いられ（146ページ「モンゴルの文化４」）、その四《よっ》つの面《めん》は、それぞれの家畜《かちく》の形《かたち》になぞらえた名前《なまえ》をもっていることから、このようななぞなぞがうまれました。

ウマ（морь モリ）

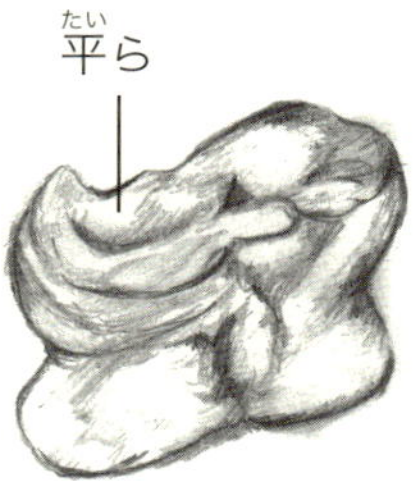

立《た》てた状態《じょうたい》

ラクダ（тэмээ テメー）

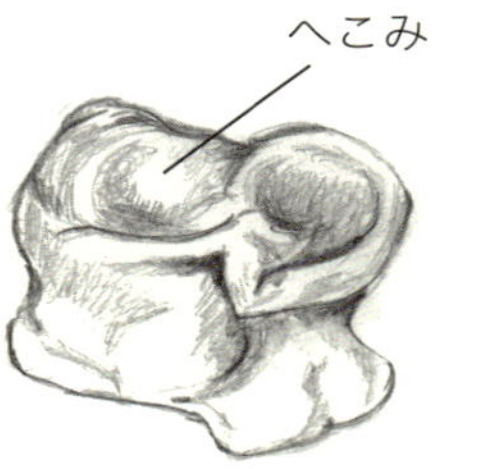

立《た》てた状態《じょうたい》

ヒツジ（хонь ホニ）

ねかせた状態《じょうたい》

ヤギ（ямаа ヤマー）

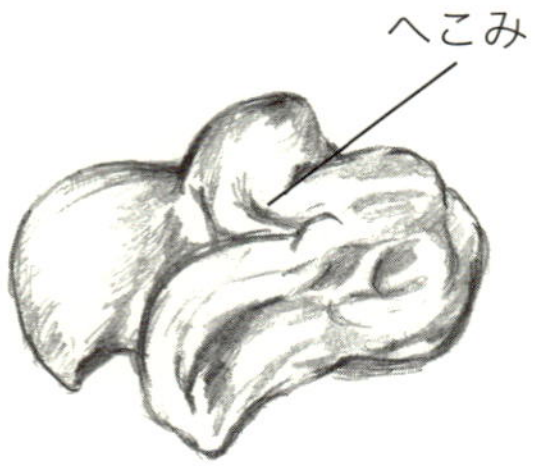

ねかせた状態《じょうたい》

会話《かいわ》と単語《たんご》

以下《いか》、モンゴル語《ご》の簡単《かんたん》な会話《かいわ》や単語《たんご》を紹介《しょうかい》します。波《なみ》線《せん》でしるした、舌先《したさき》を震《ふる》わせるラ行《ぎょう》の発音《はつおん》には、特《とく》に注意《ちゅうい》しましょう。カタカナは発音《はつおん》です。

あいさつ

Сайн байна уу? サィン バィノー	こんにちは
Танилцъя タニルツィー	はじめまして
Намайг Ханако гэдэг ナマィグ　ハナコ　ゲデグ	私《わたし》の名前《なまえ》は花子《はなこ》です
Таныг хэн гэдэг вэ? タニーグ　ヘン　ゲデグ　ヴェ	お名前《なまえ》は何《なん》とおっしゃいますか
Та хаанаас ирсэн бэ? ター　ハーナース　イルセン　ベ	どちらからいらっしゃいましたか
Сайхан танилцлаа サィハン　タニルツラー	どうぞよろしくお願《ねが》いします
Тавтай морилно уу? タヴタィ　モリルノー	ようこそいらっしゃいませ
Баярлалаа バヤルララー	ありがとう
Зүгээр ズゲール	どういたしまして
Баяр хүргэе バヤル　フルゲイー	おめでとう
Баяртай バヤルタィ	さようなら

Уучлаарай オーチラーラィ	ごめんなさい
Сайхан амарсан уу? サィハン　アマルサノー	おはようございます
Сайхан амраарай サィハン　アムラーラィ	おやすみなさい
Тийм ティーム	はい
Үгүй ウグィ	いいえ

数《かず》

нэг ネグ	一《いち》	найм ナィム	八《はち》
хоёр ホヨル	二《に》	ес ユス	九《きゅう》
гурав ゴラヴ	三《さん》	арав アラヴ	十《じゅう》
дөрөв ドゥルヴ	四《し》	зуу ゾー	百《ひゃく》
тав タヴ	五《ご》	мянга ミャンガ	千《せん》
зургаа ゾルガー	六《ろく》	арван мянга アルヴァン ミャンガ	万《まん》
долоо ドロー	七《しち》	сая サイ	百万《ひゃくまん》

体《からだ》の部位《ぶい》（身体名称《しんたいめいしょう》）

толгой トルゴィ	頭《あたま》	цээж ツェージ	胸《むね》
үс ウス	毛《け》	гэдэс ゲデス	お腹《なか》
нүд ヌドゥ	目《め》	нуруу ノロー	背中《せなか》
хамар ハマル	鼻《はな》	гар ガル	手《て》
чих チフ	耳《みみ》	хуруу ホロー	指《ゆび》
ам アム	口《くち》	мөр ムル	肩《かた》
шүд シゥドゥ	歯《は》	хөл フル	足《あし》
хэл ヘル	舌《した》	бөгс ブグス	尻《しり》
хүзүү フズー	首《くび》	өвдөг ウヴドゥグ	ひざ
хоолой ホーロィ	のど	гуя ゴイ	太《ふと》もも

人《ひと》を指《さ》す呼《よ》び方《かた》（人称代名詞《にんしょうだいめいし》）

<table>
<tr><td>би ビー</td><td>私《わたし》、僕《ぼく》</td><td>бид ビドゥ</td><td>私《わたし》たち、僕《ぼく》たち</td></tr>
<tr><td>чи チー</td><td>(通常《つうじょう》で)
あなた、君《きみ》</td><td rowspan="2">та нар
ターナル</td><td rowspan="2">あなたたち</td></tr>
<tr><td>та ター</td><td>(敬語《けいご》で)
あなた</td></tr>
</table>

тэр テル	彼《かれ》、彼女《かのじょ》	тэд テドゥ	彼《かれ》ら、彼女《かのじょ》ら

家族《かぞく》の呼《よ》び方《かた》（親族名称《しんぞくめいしょう》）

өвөө ウヴー эмээ エメー	おじいさん おばあさん	хүү フー охин オヒン	息子《むすこ》 娘《むすめ》
аав アーヴ ээж エージ	お父《とう》さん お母《かあ》さん	ах アハ эгч エグチ	兄《あに》 姉《あね》
нөхөр ヌフル эхнэр エヒネル	夫《おっと》 妻《つま》	дүү ドゥー	弟《おとうと》、妹《いもうと》 （男女《だんじょ》の区別《くべつ》なし）

なお、モンゴル人《じん》の子《こ》どもから大人《おとな》までの生《い》きたモンゴル語《ご》の声《こえ》に直接《ちょくせつ》触《ふ》れてみたい方《かた》は、大阪大学制作《おおさかだいがくせいさく》の次《つぎ》の映像《えいぞう》サイトをご利用《りよう》ください。

「高度外国語教育独習《こうどがいこくごきょういくどくしゅう》コンテンツ」→「モンゴル語《ご》」

（http://el.minoh.osaka-u.ac.jp/flc/mon/index.html）

モンゴル語《ご》のなかま

人間《にんげん》には、兄弟姉妹《きょうだいしまい》や両親《りょうしん》、祖父母《そふぼ》など、血《ち》のつながりのある人《ひと》たちがいるように、世界《せかい》の言語《げんご》にも、音声《おんせい》や単語《たんご》、文法《ぶんぽう》などの点《てん》で、よく似《に》た特《とく》ちょうをもち、まるで家族《かぞく》のように親《した》しい言語《げんご》の集《あつ》まりをなすものがあります。そのような言語《げんご》の集《あつ》まりのことを、「語族《ごぞく》」といいます。

実《じつ》は、モンゴル語《ご》も、「モンゴル語族《ごぞく》」という大家族《だいかぞく》の中《なか》の中心的《ちゅうしんてき》なメンバーであり、ほかの兄弟姉妹《きょうだいしまい》や、いとこ、親《しん》せきなどからなっているのです。

ここでは、モンゴル語族《ごぞく》について、簡単《かんたん》にしょうかいしましょう。モンゴル語族《ごぞく》は、次《つぎ》のページの 2 つの図《ず》で示《しめ》すように、合計《ごうけい》10 個《こ》の独立《どくりつ》した言語《げんご》の集《あつ》まりからなっており、話者人口《わしゃじんこう》の合計《ごうけい》は、現在《げんざい》のところ、およそ 730 万《まん》人《にん》と推定《すいてい》されます。

最初《さいしょ》の円《えん》で示《しめ》した図《ず》は、モンゴル語族《ごぞく》に属《ぞく》する 10 個《こ》の言語《げんご》のしょうかいと、語族《ごぞく》の中《なか》におけるモンゴル語《ご》との関係《かんけい》をおおよそ示《しめ》したものです。真《ま》ん中《なか》のモンゴル語《ご》から遠《とお》ざかるほど、モンゴル語《ご》との言語的《げんごてき》なつながりはうすくなることを示《しめ》しています。

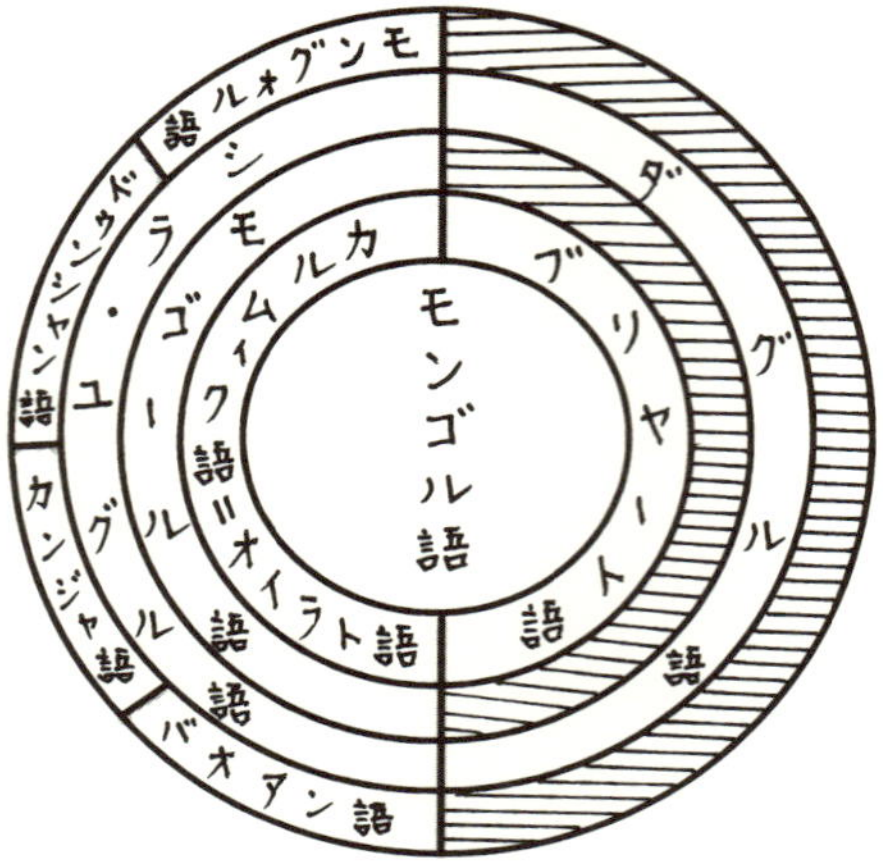

モンゴル語族《ごぞく》におけるモンゴル語《ご》との関係《かんけい》

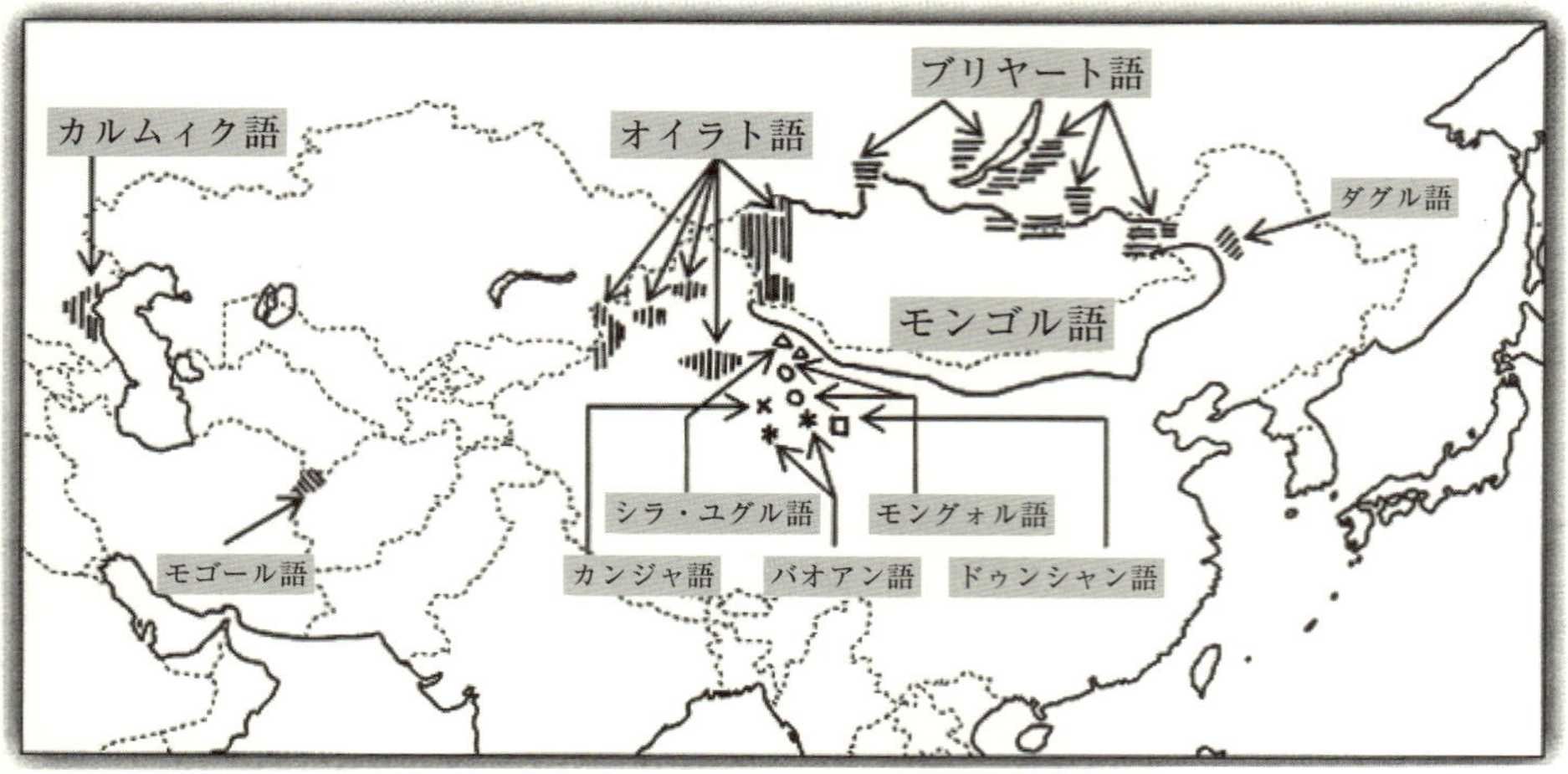

モンゴル語族《ごぞく》の言語《げんご》分布《ぶんぷ》図《ず》

また、前《まえ》のページの下《した》の図《ず》は、モンゴル語族《ごぞく》に属《ぞく》する言語《げんご》が、世界《せかい》のどのあたりの地域《ちいき》で話《はな》されているのかをおおまかに示《しめ》したものです。モンゴル語族《ごぞく》は、モンゴル国《こく》、中国《ちゅうごく》を中心《ちゅうしん》に、さらにロシア、アフガニスタンにまで、広《ひろ》いはん囲《い》におよんでいることがわかります。

なお、カルムィク語《ご》とオイラト語《ご》は、話《はな》される地域《ちいき》は異《こと》なりますが、基本的《きほんてき》には同《おな》じ言語《げんご》なので、一《ひと》つに数《かぞ》えています。

モンゴル語《ご》といえば、いっぱんにモンゴル国《こく》と中国《ちゅうごく》・内《うち》モンゴル自治区《じちく》を中心《ちゅうしん》とした地域《ちいき》に住《す》むモンゴル人《じん》の話《はな》す言語《げんご》のことを指《さ》します。また、この本《ほん》で述《の》べた「モンゴル語《ご》ハルハ方言《ほうげん》」とは、モンゴル語族《ごぞく》・モンゴル語《ご》に属《ぞく》する、モンゴル国《こく》で話《はな》される標準語《ひょうじゅんご》のことです。

モンゴル語《ご》を話《はな》す人《ひと》の数《かず》は、モンゴル国《こく》でおよそ 240 万人《まんにん》、中国《ちゅうごく》で推定《すいてい》 350 万人《まんにん》、合計《ごうけい》およそ 590 万人《まんにん》あまりで、モンゴル語族《ごぞく》の中《なか》では、もっとも多《おお》く、全体《ぜんたい》の 80% をしめています。

著者紹介《ちょしゃしょうかい》（刊行時《かんこうじ》）

〈編訳《へんやく》・著《ちょ》〉塩谷茂樹《しおたにしげき》

　大阪大学大学院言語文化研究科教授《おおさかだいがくだいがくいんげんごぶんかけんきゅうかきょうじゅ》。専門《せんもん》は、モンゴル語学《ごがく》（形態論《けいたいろん》と語彙論《ごいろん》）、モンゴル口承文芸《こうしょうぶんげい》（民話《みんわ》、ことわざ、慣用句《かんようく》）。1980 ～ 1982 年《ねん》にモンゴル国立大学《こくりつだいがく》に留学《りゅうがく》。石川県生《いしかわけんう》まれ。

　おもな著書《ちょしょ》に、『エルヒー・メルゲンと七《なな》つの太陽《たいよう》 モンゴルのいいつたえ集《しゅう》』（2012）春風社、『草原《そうげん》の国《くに》のむかし話《ばなし》―モンゴル―』（1995）能登印刷出版部、『モンゴル語《ご》ことわざ用法辞典《ようほうじてん》』（2006）大学書林、『初級《しょきゅう》モンゴル語《ご》』（2001）大学書林、『初級《しょきゅう》モンゴル語練習問題集《ごれんしゅうもんだいしゅう》』（2011）大学書林、『世界《せかい》の言語《げんご》シリーズ３ モンゴル語《ご》』（2011）大阪大学出版会、などがある。

〈絵《え》・コラム〉思沁夫《スチンフ》

　大阪大学《おおさかだいがく》グローバルコラボレーションセンターのスタッフ。中国内《ちゅうごくうち》モンゴル自治区《じちく》・シリンゴル草原生《そうげんう》まれ。幼少期《ようしょうき》をヒツジ、ヤギ、ウシやウマとともに過《す》ごした。遊牧民《ゆうぼくみん》の経験《けいけん》から自然環境《しぜんかんきょう》や環境問題《かんきょうもんだい》に関心《かんしん》があり、シベリア、モンゴルや中国《ちゅうごく》の雲南《うんなん》で生態環境《せいたいかんきょう》と環境問題《かんきょうもんだい》の研究《けんきゅう》に取《と》り組《く》みつつ、地域住民《ちいきじゅうみん》とともに環境保護活動《かんきょうほごかつどう》を行《おこな》っている。「科学《かがく》のための科学《かがく》」に強《つよ》い不信感《ふしんかん》を抱《いだ》いており、地域《ちいき》の人々《ひとびと》と一緒《いっしょ》に、地域《ちいき》がかかえる問題《もんだい》を考《かんが》え、より良《よ》い未来《みらい》をつくることに力《ちから》をつくしたいと思《おも》っている。

〈挿絵協力《さしえきょうりょく》〉ガンボルド・ドルジデレム（Ganbold Dorjderem）

　モンゴル子供創造《こどもそうぞう》センター（Children Creativity Center）絵画《かいが》サークル教員《きょういん》。1996 ～ 1999 年《ねん》に同《どう》センターを、2004 年《ねん》モンゴル造形美術専門学校《ぞうけいびじゅつせんもんがっこう》をそれぞれ卒業《そつぎょう》。2005 年《ねん》から現職《げんしょく》。2008 年《ねん》にウランバートル市《し》「青少年育成者賞《せいしょうねんいくせいしゃしょう》」の金《きん》メダルを、同《おな》じ年《とし》にモンゴル国《こく》の「子供《こども》の宝物賞《たからものしょう》」の金賞《きんしょう》などを受賞《じゅしょう》。芸術《げいじゅつ》と教育分野《きょういくぶんや》で数多《かずおお》くの奨励《しょうれい》を受《う》け、国内外《こくないがい》で絵画展《かいがてん》も開催《かいさい》している。

〈装丁《そうてい》〉荒西玲子《あらにしれいこ》

　デザイナー。大阪府在住《おおさかふざいじゅう》。

モンゴルのことばとなぜなぜ話《ばなし》

発　行　日　2014年11月10日　初版第1刷　〔検印廃止〕
　　　　　　2018年11月30日　初版第2刷

編　訳・著　塩　谷　茂　樹

絵・コラム　思沁夫

発　行　所　大阪大学出版会
　　　　　　代表者　三成賢次

〒565-0871
大阪府吹田市山田丘2-7 大阪大学ウエストフロント
電話：06-6877-1614　FAX：06-6877-1617
URL　http://www.osaka-up.or.jp

印刷・製本　株式会社シナノ

ISBN 978-4-87259-483-6　C8339

北朝鮮
日本
韓国